10 倍速快速阅读训练宝典

VISUAL
READING

龚华钢～

著

中国纺织出版社有限公司

内 容 提 要

本书作者龚华钢老师从2007年就开始提供知识付费服务——快速阅读训练，改变了以往快速阅读只能用于小说，而不能应用于专业图书和学科上的局面，还为国内很多机构培养了大量的速读讲师，因此常被业内称为"实用速读系统培训第一人"。龚老师结合多年的快速阅读教学经验，在本书中通过10天的课程设置，详细地介绍了快速阅读的相关技巧和核心训练环节。只要读者坚持每天花30分钟至1小时进行训练，最快只需10天就可以提高阅读速度3~5倍，甚至10倍。

图书在版编目（CIP）数据

10倍速快速阅读训练宝典 / 龚华钢著. --北京：
中国纺织出版社有限公司，2022.1
ISBN 978-7-5180-9013-6

Ⅰ．①1… Ⅱ．①龚… Ⅲ.①读书方法 Ⅳ．①G792

中国版本图书馆CIP数据核字（2021）第209725号

责任编辑：郝珊珊　　责任校对：高　涵　　责任印制：储志伟

中国纺织出版社有限公司出版发行
地址：北京市朝阳区百子湾东里A407号楼　邮政编码：100124
销售电话：010—67004422　传真：010—87155801
http://www.c-textilep.com
中国纺织出版社天猫旗舰店
官方微博http://weibo.com/2119887771
北京通天印刷有限责任公司印刷　各地新华书店经销
2022年1月第1版第1次印刷
开本：710×1000　1/16　印张：12
字数：166千字　定价：59.80元

凡购本书，如有缺页、倒页、脱页，由本社图书营销中心调换

本书是我 1998 年接触快速阅读，到 2007 年开始在网络开设快速培训课程到今天，多年经验的梳理、总结。

本书以多年的快速阅读教学经验和心理学知识作为支撑，为大家客观、翔实地介绍快速阅读这一高效率的学习工具。

第一，本书没有生涩无用的理论，偏重训练和实际应用，能够让读者轻松阅读和练习。在我的信念中，好的老师不是把问题弄复杂，而是把复杂的理论用通俗易懂的话语教授给学生，让学生能够轻松上手。

第二，本书没有复杂的训练方法，精简了许多非核心训练环节。传统的快速阅读训练，训练环节繁多。在一个学习过程中，训练环节越多，耗费的精力、碰到的问题也就会越多，会使学生产生挫败感。出于这一点考虑，本书优化了训练环节。

第三，本书重点部分按照我们网络培训课的安排设计成 10 天的训练。如果按照书中的训练方法每天花 30 分钟 ~1 小时训练，快则 10 天，慢则一个月，能够提升自己的阅读能力 3~5 倍。

第四，训练才是王道，如果只看书而不训练，那是没有切身感受的，不断地训练从而提升了阅读能力之后，你才能感受这些简单训练的力量。

序言
我的快速阅读之路

　　最初接触快速阅读训练是在 1998 年，我当时酷爱看一本知名的杂志，每期都买，有一段时间，该杂志突然开始在重要页面整版刊登快速阅读的函授广告。广告中出现了"一目十行不是梦，一分钟阅读一本书从此人生开始改变"等大量让人热血沸腾的词句，再配上学员动辄一分钟几万字，甚至十几万字的反馈。喜欢新鲜事物的我，一下就被吸引，以为找到了传说中的武功宝典，心想如果拥有这种能力，通过任何考试都是轻而易举的事。

　　于是在当时工资只有三百多元的情况下，我毫不犹豫地花了一百多元，报了这个快速阅读的函授课。经过望眼欲穿的等待，我收到了几本没有书号的内部印刷品。如获至宝的我热情高涨地按照教程上的理论方法进行训练，但是虽然我每天训练不少于两个小时，一个月之后我也没有掌握传说中的"神功"，阅读能力也没有提升，于是慢慢地心灰意冷，便把这套教材丢到了一边。

　　2000 年，我参加自学考试。当时订的计划是一个月 4 本书，一个星期 1 本。因为是自学考试，需要自己画考点。按照这个计划，就必须 1~2 天把一本书中的考点画下来，然后剩下 5~6 天背诵，这样才有可能顺利完成这个计划。在这个过程中，对于专业书籍重点的把握变得快而且准确。

　　2005~2006 年，因为对学习法的热爱，我大概阅读了 1500 本书，主要是学习能力提升类、心理类、企业管理类、亲子教育类书籍，并且考取了心理咨询师资格证书。这期间，我的阅读能力快速提升，并且充分掌握了学习的规律，可以将学到的理论知识融会贯通并应用在实际中。

我从 2007 年开始做快速阅读培训，逐渐认识到这门学科的门派繁多、良莠不齐。这让很多接触快速阅读的人无所适从，更谈不上学以致用。

我决心还快速阅读一个真实的面目，让更多的人了解并学习到真正能应用于实践的快速阅读。经过近十几年的坚持，我帮助许多人提升了自己的阅读能力，甚至让一些学员也成为了速读培训师。如今，我将这些经验总结成书，希望借这种形式，让更多有需要的人得到快速阅读的正确方法。

龚华钢

2021 年 9 月

目录
CONTENTS

第一章
CHAPTER 1

10倍速
阅读训练 | DAY1

001

第一节　快速阅读的起源 / 003

第二节　快速阅读的作用 / 004

第三节　阅读速度慢的 4 个原因 / 005

第四节　快速阅读的基本原理 / 007

第五节　训练流程 / 010

第六节　DAY1 训练（1）：放松 / 011

第七节　DAY1 训练（2）：眼睛热身 / 013

第八节　DAY1 训练（3）：增加眼睛视幅 / 015

第九节　DAY1 训练（4）：一分钟计时 / 017

第二章
CHAPTER 1

10倍速
阅读训练 | DAY2

021

第一节　速度为先，理解为后 / 023

第二节　提升阅读的回忆率 / 024

第三节　如何形成稳定的速读能力 / 027

第四节　训练流程 / 032

第三章
CHAPTER 1

10倍速阅读训练 | DAY3

037

第一节　深化回忆技巧　/ 039

第二节　大脑出图训练　/ 041

第三节　瞬时记忆　/ 043

第四节　阅读一本消遣性图书　/ 045

第五节　训练流程　/ 050

第四章
CHAPTER 1

10倍速阅读训练 | DAY4

055

第一节　能力提升书和专业图书的特点　/ 057

第二节　变速阅读　/ 059

第三节　快速准确地区分重点和非重点　/ 061

第四节　训练流程　/ 064

第五章
CHAPTER 1

10倍速阅读训练 | DAY5

069

第一节　提升阅读效果的小技巧　/ 071

第二节　判断重点和总结　/ 073

第三节　快速阅读在专业书籍上的应用　/ 079

第四节　训练流程　/ 084

第六章
CHAPTER 1

10倍速阅读训练 | DAY6

089

第一节　竖直训练　/ 091

第二节　一分钟 3200~4800 字的阅读方法　/ 096

第三节　一分钟 3200~4800 字训练目的　/ 102

第四节　训练流程　/ 104

第七章
CHAPTER 1

10倍速
阅读训练 | DAY7

111

第一节　阅读前的准备　/ 113
第二节　预习一本书　/ 115
第三节　正式阅读　/ 117
第四节　活化阅读　/ 118
第五节　主题阅读法　/ 119
第六节　训练流程　/ 121

第八章
CHAPTER 1

10倍速
阅读训练 | DAY8

127

第一节　学习的过程　/ 129
第二节　思维导图是高效学习工具　/ 131
第三节　怎样制作思维导图　/ 133
第四节　快速阅读与思维导图结合　/ 137
第五节　训练流程　/ 139

第九章
CHAPTER 1

10倍速
阅读训练 | DAY9

145

第一节　快速阅读与快速记忆法结合　/ 147
第二节　实用高效的记忆法　/ 149
第三节　让学习更轻松的大脑习惯　/ 152
第四节　训练流程　/ 154

第十章

CHAPTER 1

10倍速
阅读训练 | **DAY10**

159

第一节 改变行为，提升行动力 / 161

第二节 发挥潜意识的巨大作用 / 164

第三节 训练流程 / 169

第一章
10 倍速阅读训练

第一天还不是真正的训练。因为对第一次接触速读的很多伙伴来说，快速阅读为何物、又该如何训练完全是未知的。若不解决这些理论上的缺陷，在后期训练中难免"兵荒马乱"。而对于有些接触过速读的伙伴，第一天的内容就会略显简单，可以根据自己的实际情况快速浏览完这部分的内容或者直接进入第二天的训练内容。

10 倍速快速阅读
训练宝典

第一节
快速阅读的起源

快速阅读的门派林林总总，它们对于快速阅读的定义也各不相同。在我看来，快速阅读其实很简单，就是快速而有效的阅读。

速读速记起源于第二次世界大战期间，美国国防部对美国空军，借用幻灯机做迅速闪示识别训练。经幻灯片闪示训练后，军官们不仅能迅速辨别所见的各种符号与数字，并且在阅读速度上也大为增快。战后美国西北大学视听教育中心继续研究这一现象，发明各种仪器并研究速读速记方法，各大、中、小学也陆续增开速读速记课程。逐渐地，这一方法也传播到世界各地。

其实在我们古代就有关于快速阅读的记载，三国时代的张松，翻阅曹操新著的《孟德新书》后，就能记忆且能背诵无误，这种能力叫人叹为观止。宋朝有一位叫刘元高，其阅读能力惊人，读书能一目十行，人皆称奇。而在《北齐书·河南康舒王孝瑜传》中也有这样的记载："读书敏速，十行俱下"，可见其速度之快，"一目十行"这个成语就是出于此处。不仅在速率方面，也有关于记忆方面的记载。在《晋书》中是如此写著："苻融下笔成章，耳闻成诵，过目不忘。"《宋史》的刘恕"恕少颖悟，书过目成诵"。从这些古籍记载，可以知道：在中国古代，看书迅速与记忆力强的人并非没有，不过他们的天赋大都异于常人，一般人则望尘莫及。

但当代的研究发现，通过仪器的辅助，再加上有效持续的练习，一般人都能拥有速读速记能力。

第二节
快速阅读的作用

讲快速阅读之前，你为什么而阅读或者看书呢？我相信有些伙伴以前从来没有想过这个问题。有些伙伴会说："我看书不就是为了打发时间""为了考试""为了把书本的知识记下来"。

阅读是获取信息知识的重要途径。但是，阅读的目标并不是看完之后就把一本书的知识点背诵下来，对书本中的信息知识要做初步判断和初步理解。

就像你没看这本书之前，你肯定不会想把书中的每个字都背下来，也猜不到书本中哪些是你需要的内容，哪些是你不需要的内容。只有在阅读的过程中，你才会知道哪些内容对你有帮助，哪些内容对于你来说是无用的。

其实快速阅读的作用很简单。快速阅读就是传统阅读速度的加快。以前看完一本书要花 5 个小时，甚至 10 个小时，现在或许 2~3 个小时就可以阅读完，阅读完之后的效果不会比以前差，甚至比以前更好。

这其实就是快速阅读最核心的作用：这种能力是在知识大爆炸的当今社会中一种非常重要的能力。所以快速阅读也被称为万能钥匙，一旦掌握快速阅读能力，你学什么东西都会比别人要快。

举个例子，一个成年人在工作中要成为专家，除了工作实践之外，必须阅读大量的专业书籍和文献（每一本书其实就是一个老师通过文字在给读者上课）。100 本专业书，没有经过阅读训练的人或许要三年左右才能读完。但是掌握了速读能力的人或许半年到一年就能消化理解完，这就是快速阅读的作用所在。

第三节
阅读速度慢的 4 个原因

什么样的阅读效率是低的呢？以最简单的消遣类书籍为例（小说、报纸、杂志等读物），没有经过训练的人一般阅读速度，为一分钟 600 字左右；也有少数阅读速度比较快的，阅读速度能达到一分钟 1200~1800 字；还有一些阅读速度非常慢的，一分钟只阅读 100 字左右。在我们看来，消遣类图书一分钟阅读低于 1200 字，都可以看作不合格。

阅读速度慢主要有以下 4 个原因：

1. 视幅窄

视幅窄，通俗的说法就是一个字一个字看书。把我们眼睛看书的动作，放慢来分解，其实就是由两个动作组成，一个是眼睛的停顿，看清文字，大脑理解；然后眼睛再移动到下一个文字，然后再看清文字，大脑理解。这样如此循环完成阅读。

当然，一分钟内时间眼睛移动的次数总是有限的，假设一分钟只能移动 100 次，如果一次只看一个字，那一分钟只能阅读 100 个字。所以视幅窄是造成阅读速度慢一个非常重要的原因。

2. 音读

音读也是影响阅读速度很重要的一个原因。我们吸收书籍知识有 3 个主要感觉通道：视觉（看）、听觉（嘴巴念）、动觉（拿笔抄）。看是最快的，嘴巴念次之，拿笔抄最慢。慢的就会拖延速度。如果一边看书一边念，一般是念到哪里看到哪里；如果一边看一边抄写，那更慢，一般是抄到哪里看到哪里。

但是有些朋友可能会问，我在阅读过程中并没有像读书一样发出声音，为什么阅读速度还是不理想，那是因为虽然没有发出声音，但是默读了。这就会拖慢阅读速度。

3. 频繁回看

许多读者在阅读过程中，老是觉得前面的内容没看懂或者没记住，忍不住频繁回看，哪怕是消遣性的读物也会这样。频繁回看相当于多花了一遍的时间阅读，肯定是会耽误时间的。所以频繁回看也是影响阅读速度一个重要的原因。

4. 心理作用

心理作用也是影响阅读速度很重要的一个原因。人们从小识字是从一个字一个字开始学习的。潜移默化地就养成了一个字一个字阅读的习惯。另外，人的心理都是求全的，在阅读过程中想抓住百分之百的信息、怕漏信息、怕丢信息，所以造成阅读过程中不敢快。

第四节
快速阅读的基本原理

快速阅读门派林林总总，训练方法繁多。但是无论哪一种快速阅读门派，其最根本的核心都是解决造成阅读速度慢的 4 个根本问题。

1. 增加阅读视幅

在阅读过程中杜绝一个字一个字的阅读习惯，一个视点多看几个字，阅读速度立刻就会得到提升。

这种阅读方式被称为组块阅读。最简单的一个词组可以是一个组块，慢慢增加到半行可以是一个组块，一行是一个组块，两行是一个组块，甚至一页为一个组块。

范例：一次看几个字

美国 | 华盛顿广场 | 有一座宏伟的建筑 |，这就是杰弗逊纪念馆大厦 |。这座大厦历经风雨沧桑 |，年久失修 |，表面斑驳陈旧 |。

很多读者以前认为一个字一个字阅读效果很好，很科学。但是在有些情况下，一个字一个字阅读会出现很大问题。因为阅读慢会造成注意力涣散。而且一个字一个字阅读人为地割裂了一个完整词组的意思，比如我们先看"美"字，后面接的字会有很多可能性，如"元""丽""女""发"，只有看清楚后面的"国"字，我们才能完整地知道这是写"美国"。如果我们一眼看到这个词组，就省略了这个拼接理解的过程。

其实无论哪一种速读门派的训练，都是建立在以扩大视幅为基础的。只是实际速读训练分为两大主流门派：

一种是一步登天式的：就是以一页为一个视点，一次看一页（就是我们通常说的一目十行，一目一页），但是这种阅读模式，一般人很难练成，目前没看到实际的案例。

另一种训练门派就是循序渐进式的：先练习一次看三分之一行，适应之后再提升到一次看半行，再一次看一行，一次看两行，一次一段，一次两段，一次半页，最后达到最高境界一次看一页。

我们的训练就是属于后面一种门派，当能训练到可以一次浏览两行时，基本上已经够实际的应用了。

2. 减少音读频率

通过提速训练，会降低音读的频率，音读频率降低了，阅读的效率也会得到提升。

对于音读很多速读门派有个误区，即绝对消除音读。其实绝对消除音读是不可能，也是不科学的，只能说减少音读出现的频率。具体的我们后面再分析。

3. 减少回看频率

回看一部分是由于阅读的理解力跟不上，还有一部分是由于心理作用。训练会缓解这种现象，从而提升阅读速度。

和音读一样，实际阅读中不能绝对消除回看，只能说减少回看频率，在关键而重要的地方回看。

4. 打破心理障碍

思想决定行为，只有在思想上认识学习知识的过程和规律、大脑的记忆规律，明白我们在阅读过程中会不断遗忘，放下求全心理，我们才敢于加快阅读的速度。

通过前面的内容，哪怕你是第一次接触快速阅读，相信也一定对快速阅读有了一个初步的认识。如果你有兴趣了解更多快速阅读的背景知识，可以进一步查阅相关的资料。

第五节
训练流程

现在让我们进入快速阅读的训练环节。我们这 10 天的训练环节包括：

（1）放松训练环节：提升阅读动力和阅读目标；

（2）眼睛热身训练环节：提升眼睛对文字的敏感度和对文字的摄入能力；

（3）增加眼睛视幅训练环节：克服逐字阅读习惯，扩大视幅宽度；

（4）一分钟计时训练环节：激发阅读潜能，突破心理障碍，提升真实阅读状态下眼睛的敏感度，调节眼睛阅读方式，加快大脑理解速率；

（5）回忆训练环节：提升大脑回忆、组织、总结能力；

（6）书籍阅读训练环节：提升阅读小说的能力，再到专业书籍和学科上的应用能力；

（7）综合素质训练环节：高效笔记训练，自我总结复盘训练，右脑出图能力训练（内视觉，右脑潜能开发），行动力提升的训练等。

以上就是 10 天的训练环节。第一天就先简单地训练一下第 1~4 个环节，找一下感觉。

第六节
DAY1 训练（1）：放松

在训练开始前首先进行放松训练，其目的是让身体处于轻松而警觉的状态，从而提升阅读效果。无论是阅读、学习还是工作，都需要具备良好的身心状态。当身体疲惫、大脑迟钝、有负面情绪时，阅读效率会很低，阅读效果也不好。

阅读是一项脑力劳动，在阅读过程中大脑需要消耗大量的氧气和其他营养物质。许多人读书时间长了，都会产生头昏脑涨的感觉。除了大脑疲劳之外，更主要的是脑缺乏足够的氧气和其他营养物质的补充。如果要用比以前快几倍的速度来阅读，而且理解和记忆水平还不能降低，就需要解决身体供氧的问题。

训练方法：

（1）用比较舒服的姿势坐在椅子上，两脚放平，与肩齐宽，两手放在桌面或者大腿上。

（2）慢慢调整身体，感觉从头顶开始，到肩膀，再逐步往下，让自己身体各个部分自然放松。

（3）把注意力放在呼吸上，呼吸要细、长、静、深，用鼻进行，嘴巴自然闭拢。把呼吸放缓，频率越慢越好，呼气和吸气的时间比例为2：1。比如，第一阶段时，要求吸气4秒，呼气8秒，每分钟呼吸5次。

（4）呼吸时要努力用意念把新鲜空气往下送，使其达到肚脐以下8厘米左右的，丹田部位（腹部肚脐眼位置），呼气时要自下而上，缓慢均匀地往外送气，并在呼气将要结束时暗示自己：还有 1/3 的空气流在丹田处（腹部肚脐眼位置）。实际上，吸入的大部分空气已经呼出去了，但是要想象腹中保存着新鲜的空气，这对活跃脑细胞相当重要。

（5）呼吸时可以录下这样的口令：预备——吸——呼——吸——呼……停，时间长度为 3 分钟，这样当进行调息训练时，就可以按照录音的口令来呼吸，使头脑充分入静。经过一段时间的训练，最后可以达到在没有口令的状态下，无意识地进行这种呼吸，因为如果呼吸还要用意识来控制的话，就说明头脑还没有入静，注意力也不能够完全集中到阅读上。

当呼吸训练进行到一定的程度，感觉比较流畅之后，就可以加入另外一个步骤：想象的训练，想象的训练能够非常好地增加自信，增强阅读兴趣，是非常实用的一种方法。

（6）想象：暗示自己我现在对阅读非常有兴趣和动力，我现在对阅读有全新的认识。因为我现在知道每一本好书就是每一个作者几年、十几年，甚至一辈子心血经验的结晶。我能在很短的时间消化吸收，让我在工作上、生活中少走很多的弯路。读书是多么有成就感的一件事情。

心中默念：我已经进入了一个很好的阅读状态，待会儿阅读的时候，我的注意力非常的好，大脑理解能力非常强，阅读完书之后能回忆出文章主线，并且能记住很多的细节，阅读之后的效果非常好。我的阅读能力会变得越来越强，我能从容地在书海中像海绵一样吸收着养分。

做完这个放松训练之后，你是不是感觉身体非常的放松，而且阅读的动力非常强烈。那恭喜你，你已经进入了非常好的准备状态。

第七节
DAY1 训练（2）：眼睛热身

快速阅读时所必需的眼睛训练主要包括 3 个方面的内容：一是训练眼睛阅读时的快速、灵活；二是眼睛在文字上瞬间停顿时对文字的捕捉能力；三是训练眼睛视幅宽度，每一次眼睛停顿注视，能摄入尽可能多的信息（字和词）。

注意：在进行基本功训练时，不允许戴隐形眼镜，以免造成不必要的损伤。每训练一个图之后，闭上眼睛休息 30~60 秒。

1. 眼睛热身训练——A 图（A、B、C、D 图见书后附录）

目的：训练阅读时的注意力。

要领：两手持图，距离眼睛 40 厘米左右，两眼注视图中的黑点，仿佛要把它看穿一样，使其清晰地呈现在眼前，并印在脑海中。

注意事项：保持腹式呼吸；双眼比较柔和地盯着图，尽量不眨眼睛，保持一分钟。

在眼睛看图时，如果注意力有松懈，黑点就会重影、模糊。如果重新集中注意力，黑点也会恢复原状，所以必须集中注意力，使黑点清晰稳定地呈现在眼前，并印在脑海中。

2. 眼睛热身训练——B 图

目的：训练眼睛阅读时的快速灵活流畅，以及眼睛瞬间捕捉文字的能力。

要领：双手持图，距眼睛 40 厘米左右，让自己的脸部对准图的中心，保持住宽阔的视野，面对中心也能清晰看到所有的点，眼睛从第一点开始，沿着虚线的引导按顺序移动到最后一个点，然后眼睛再从最后一个点从相反方向顺序回到第一个点，在规定的时间内如此循环进行，反复进行的次数越多、越快越好（眼睛运动要均匀流畅）。

注意事项：保持腹式呼吸，不许眨眼，维持一分钟，只需眼睛动，不许头动（在实际阅读书籍和文章过程中，头动配合眼睛动都是可以的）。

3.眼睛热身训练——C图

目的：训练眼睛阅读时的快速灵活流畅，以及眼睛瞬间捕捉文字的能力。其与第2步中区别就在于，C图是训练眼睛纵向运动，B图是训练眼睛横向运动。

要领：双手持图，距眼睛40厘米左右，让自己的脸部对准图的中心，保持住宽阔的视野，面对中心也能清晰看到所有的点，眼睛从右边上面第一点开始，沿着竖线的引导按顺序，移动到最后一个点，然后眼睛再从最后一个点从相反方向顺序回到第一个点，在规定的时间内如此循环进行，反复进行的次数越多、越快越好（眼睛运动要均匀流畅）。

注意事项：保持腹式呼吸法，不许眨眼，维持一分钟，只需眼睛动，不许头动（在实际阅读书籍和文章过程中，头动配合眼睛动都是可以的）。

4.眼睛热身训练——D图

目的：D图和B图、C图训练目的一致，即训练眼睛阅读时的快速灵活流畅，以及眼睛瞬间捕捉文字的能力。不同之处在于，D图是训练眼睛全方位运动。

要领：双手持图，距眼睛40厘米左右，让自己的脸部对准图的中心，保持住宽阔的视野，面对中心也能清晰看到所有的点，眼睛从任意一个点开始，沿着虚线的引导按顺序，移动到下一个点，在规定的时间内如此循环进行，反复进行的次数越多、越快越好（眼睛运动要均匀流畅）。

注意事项：保持腹式呼吸，不许眨眼，维持一分钟，只需眼睛动，不许头动（在实际阅读书籍和文章过程中，头动配合眼睛动都是可以的）。

第八节
DAY1 训练（3）：增加眼睛视幅

我们小时候识字都是一个一个字认读，所以很多读者养成了一个字一个字阅读的习惯。克服逐字阅读的习惯是提升阅读速度的关键。如果有的读者很难马上克服一个字一个字阅读的习惯，那么可以进行以下训练，当取得一定成效之后，后面的一分钟阅读训练环节和实际阅读就会变得轻松。

1. 词组训练法

眼睛停顿一次看一个词组，在每个词组上停顿极短的时间，要求瞬间理解文字内容。

这个训练是从四个字的词组开始，然后逐渐增加字数，当一次能够瞬间阅读并能理解出九字的词组，诗词或句子的时候，再进行后面的阅读训练就容易了。

2. 生活中的训练法

在平时生活中，很多情况下都可以做这个词组训练。平时等公共汽车的时候，在公交车站台可以看汽车的车牌、新闻报纸的标题、沿街店铺招牌、广告、微信、QQ 聊天记录等。这些文字都有共同特点，就是碎片形式，比较短，眼睛可以很快地摄入，并做回忆训练。这样就能潜移默化地进行训练。

3. 分割训练法

分割训练法，就是在阅读时把一篇文章分割成一个一个词组，先用铅笔把它们画开，然后以词组为单位进行练习阅读，例如：

月光|如流水一般，|静静地|泻在|这一片叶子和花上。|薄薄的青雾|浮

起在荷塘里。|叶子和花|仿佛在牛乳中|洗过一样；又像|笼着轻纱的梦。|（摘自朱自清《荷塘月色》）

这样比较熟练后，逐步扩大每次分割的字数，也可改为边读边用铅笔分割，分割完毕，亦阅读完毕。

以上三个增加视幅的训练方法，可以选择其中的一个训练做，也可以三个全部尝试训练。这个环节控制在 5~10 分钟即可。

做完 1~3 项训练环节之后，就可以进行今天最后的训练环节：一分钟计时训练，体验一下实际阅读文章的感觉。（注：因为今天是第一天训练，所以只要求一分钟内阅读完，至于阅读效果不用太关注，主要是找一下感觉，看看有什么问题。）

第九节
DAY1 训练（4）：一分钟计时

可以用本节附的文章进行训练，也可以自己选择合适的文章进行训练。

目的：文章阅读训练，克服逐字阅读的习惯，克服阅读时的心理障碍，提升阅读速度，提升阅读时的注意力。

要领：

（1）用前面已经掌握的节奏和方法，阅读给定的训练文章（文章三页，1800字上下）。在阅读过程中，首先不要考虑理解率和回忆率的问题，首先关注的是阅读的速度，保证能够在一分钟之内阅读完给定的文章。这样能够很直接、很快速地突破心理障碍，并且在这种重复阅读过程中，训练眼睛对文字的敏感和大脑对文字的理解。

（2）如果一分钟阅读不完，可以重复练习这篇文章，看看能不能一分钟内阅读完。

到这里，第一天训练的内容和相关理论就结束了。希望你在充分理解理论的基础上，及时做训练。因为理论和实际是存在距离的，要想把理论变成能力，只能不断地进行训练和应用。

一分钟训练阅读材料

探监的母亲

刘刚是个抢劫犯，入狱一年了，从来没人看过他。

眼看别的犯人隔三差五就有人来探监，送来各种好吃的，刘刚眼馋，就给父母写信，让他们来，也不为好吃的，就是想他们。

在无数封信石沉大海后，刘刚明白了，父母抛弃了他。伤心和绝望之余，他又写了一封信，说如果父母再不来，他们将永远失去他这个儿子。这不是说气话，几个重刑犯拉他一起越狱不是一两天了，他只是一直下不了决心，现在反正是爹不亲娘不爱、赤条条无牵挂了，还有什么好担心的？

这天天气特别冷，刘刚正和几个"秃瓢"密谋越狱，忽然，有人喊道："刘刚，有人来看你！"会是谁呢？进探监室一看，刘刚呆了，是母亲！一年不见，母亲变得都认不出来了。才五十开外的人，头发全白了，腰弯得像虾米，人瘦得不成形，衣裳破破烂烂，一双脚竟然光着，满是污垢和血迹，身旁还放着两只破麻布口袋。

娘儿俩对视着，没等刘刚开口，母亲浑浊的眼泪就流出来了，她边抹眼泪，边说："小刚，信我收到了，别怪爸妈狠心，实在是抽不开身啊，你爸……又病了，我要照顾他，再说路又远……"这时，指导员端来一大碗热气腾腾的鸡蛋面进来了，热情地说："大娘，吃口面再谈。"刘妈妈忙站起身，手在身上使劲地擦着："使不得、使不得。"指导员把碗塞到老人的手中，笑着说："我娘也就您这个岁数了，娘吃儿子一碗面不应该吗？"刘妈妈不再说话，低下头"呼啦、呼啦"吃起来，吃得是那个快那个香啊，好像多少天没吃饭了。

等母亲吃完了，刘刚看着她那双又红又肿、裂了许多血口的脚，忍不住问："妈，你的脚怎么了？鞋呢？"还没等妈妈回答，指导员冷冷地接过话："是步行来的，鞋早磨破了。"步行？从家到这儿有三四百里路，而且很长一段是山路！刘刚慢慢蹲下身，轻轻抚着那双不成形的脚："妈，你怎么不坐车啊？怎么不买双鞋啊？"

母亲缩起脚，装着不在意地说："坐什么车啊，走路挺好的，唉，今年闹猪瘟，家里的几头猪全死了，天又干，庄稼收成不好，还有你爸……看病……花了好多钱……你爸身子好的话，我们早来看你了，你别怪爸妈。"

指导员擦了擦眼泪，悄悄退了出去。刘刚低着头问："爸的身子好些了吗？"

刘刚等了半天不见回答，头一抬，妈妈正在擦眼泪，嘴里却说："沙子迷眼了，你问你爸？噢，他快好了……他让我告诉你，别牵挂他，好好改造。"

探监时间结束了，指导员进来，手里抓着一大把票子，说："大娘，这是我们几个管教人员的一点心意，您可不能光着脚走回去了，不然，刘刚还不心疼死啊！"

刘刚妈双手直摇，说："这哪儿成啊，娃儿在你这里，已够你操心的了，我再要你钱，不是折我的寿吗？"

指导员声音颤抖着说："做儿子的，不能让你享福，反而让老人担惊受怕，让您光脚走几百里路来这儿，如果再光脚走回去，这个儿子还算个人吗？"

刘刚撑不住了，声音嘶哑地喊道："妈！"就再也发不出声了，此时窗外也是泣声一片，那是指导员喊来旁观的劳改犯们发出的。

这时，有个狱警进了屋，故作轻松地说："别哭了，妈妈来看儿子是喜事啊，应该笑才对，让我看看大娘带了什么好吃的。"他边说边拎起麻袋就倒，刘刚妈来不及阻挡，口袋里的东西全倒了出来。顿时，所有的人都愣了。

第一只口袋倒出的，全是馒头、面饼什么的，四分五裂，硬如石头，而且个个不同。不用说，这是刘刚妈妈一路乞讨来的。刘刚妈妈窘极了，双手揪着衣角，喃喃地说："娃，别怪妈做这下作事，家里实在拿不出什么东西……"

刘刚像没听见似的，直勾勾地盯住第二只麻袋里倒出的东西，那是一个骨灰盒！刘刚呆呆地问："妈，这是什么？"刘刚妈神色慌张起来，伸手要抱那个骨灰盒："没……没什么……"刘刚发疯般抢了过来，浑身颤抖："妈，这是什么？！"

刘刚妈无力地坐了下去，花白的头发剧烈地抖动着。好半天，她才吃力地说：

"那是……你爸！为了攒钱来看你，他没日没夜地打工，身子给累垮了。临死前，他说他生前没来看你，心里难受，死后一定要我带他来，看你最后一眼……"

刘刚发出撕心裂肺的一声长号："爸，我改……"接着"扑通"一声跪了下去，一个劲儿地用头撞地。"扑通、扑通"，只见探监室外黑亚亚跪倒一片，痛哭声响彻天空……

（1671 字符，内容来自网络）

第二章
10 倍速阅读训练

第二天真正进入实战训练了，首先请将本章理论充分理解，再按训练流程进行训练。

10 倍速快速阅读
训练宝典

第一节
速度为先，理解为后

让阅读速度快起来，其实是要让眼睛快起来，如何达到这个目标呢？就是在训练时要做到：在组块阅读（一次多看几个字）的基础上，先不要管理解率和回忆率的问题，刻意地加快阅读速度，到达规定的训练目标。

简单来说就是：速度为先，理解为后。

这样训练的好处能在短时间，直接而有效地突破影响阅读速度的关键：心理障碍。

心理障碍是造成阅读速度慢的原因之一。这是因为人都有一种求全心理，怕看快了看不懂，怕丢信息，看完之后想记住所有信息。而且这种阅读习惯根深蒂固，如果不能在本书的引导下通过特殊的训练方法快速突破，单靠自己的意志力是很难纠正时。

如果你在训练中敢冒着阅读完之后回忆效果为零的风险，把计时训练文章看完，那你的心理障碍已经被突破了。

在这种突破极限的训练，能够让训练者在短短几天的时间快速提升阅读速度。同时也能很快地突破阅读时的心理障碍问题，缓解音读、回看问题。

第二节
提升阅读的回忆率

通过针对眼睛阅读能力的训练，阅读速度得到提升之后，立马会出现一个的问题，大脑理解率和回忆率的直线下降。这是因为以前阅读速度慢，大脑适应了一分钟处理几百字的速度，当阅读速度立马提升3~5倍之后，大脑需要处理的文字信息成倍增加，大脑就会出现回忆率的"断档"。

在现实中关于回忆效果差，有两种主要的情况：

第一种情况：阅读完书籍和文章之后空白，大脑几乎一点信息都没有保留，甚至有些人看完简单的小说都会出现这种情况。

造成这样的原因除了先天因素的影响，更多的是没有用对方法。看过文章和书籍之后，或多或少会有信息进入大脑的。就像人走过沙滩，一定会留下痕迹。那些回忆效果接近空白的人，往往这些信息在脑中里就像一团乱麻一样，不能很好地组织，所以感觉看了跟没看一样。

为什么这些信息整理不出来？因为他们期望能像背书一样，能够把阅读过的文章或书籍从第一段话完整地背到最后一段，而且一个字不遗忘。这当然是不现实的，违背了大脑回忆的规律。

人的大脑回忆其实是由粗到细，由轮廓到细节的。比如看完一篇文章，当感觉空白，就开始往最初的方面想，什么故事，有什么人物，人物大概讲什么事情，什么结局。这样回忆下来，基本上故事的主线和框架就有了，也就不会感觉大脑空白或者没有信息了。

第二种情况：有框架但是细节少，这是因为缺少根据框架再次提取关键信息的方法和能力。

那如何根据框架回忆更多的细节，可以通过5W2H提问法勾出大脑的细节信息。

5W2H提问法简单、方便，易于理解和使用，富有启发意义，广泛用于企业管理和技术活动，对于弥补考虑细节也非常有帮助。因为事物的发生发展其实都涵盖了这个几个要素。

（1）What——是什么？目的是什么？

（2）Why——为什么这样？

（3）Who——谁？有哪些人

（4）When——什么时间？

（5）Where——何处？

（6）How——怎么做得？怎么样的？

（7）How much——有多少？数量？质量？

特别提示：回忆更多细节的时候往往不是整段内容回忆，也不一定是按顺序回忆，而是回忆碎片形式的关键字、关键词、关键句。这些关键信息越多，回忆的细节就会越多，内容也越丰满。

为了更好理解，简单举例第一天训练文章：

（1）当一分钟阅读完感觉大脑空白时，那这时候就要想办法回忆出这篇文章的框架（有了框架才能更好地回忆细节）：一个妈妈历经艰难探望不听话的儿子，终于使儿子感动的故事。

（2）更多细节：谁探谁（妈妈探儿子、儿子是犯人）；儿子是什么犯人（抢劫犯、越狱、密谋、父母不来看、写信、泥牛入海、别的狱友有人看、感觉被抛弃）；剧情转折（突然狱警喊、有人看）；妈妈看，妈妈样子（布口袋、干馒头、赤脚、肿、白发、憔悴）；狱警可怜（面、受宠若惊、给钱、拒绝）；对话（家里情况、问爸爸、生病、支支吾吾）；真相（口袋被翻出、掉出骨灰盒、隐瞒爸爸去世、打工攒钱、看他、累死）；感动（跪下，对天空大叫，改正）。

当训练到这些细节时，虽然是一些碎片的关键字，但是大脑已经能把这些碎片组织出来，而且会栩栩如生，效果好得甚至会出现画面感。

这是因为语言都是有逻辑性的，尽管回忆的时候顺序是乱的，而且是碎片形式的，但是大脑会自动地调节顺序，并赋予动作情感等，让故事栩栩如生。

在进行回忆训练的初期，或许要刻意通过提问的方式组织回忆出脑子里的细节，但是一旦经过几天认真扎实地训练，当需要回忆文章内容时，大脑很快就能出现文章内容。

第三节
如何形成稳定的速读能力

以上两个训练环节就是快速阅读的核心训练。那如何才能掌握这些能力并形成稳定的习惯呢？方法也很简单，就是按照前面的讲解方法，脚踏实地地进行"训练"。

任何一项技能的习得（不仅是速读能力）都需要不断地重复，才能把理论内化，形成大脑记忆、肌肉记忆，变成一种本能，这就是通常说的"由生到熟再化"的过程。

训练中第一步通过计时反复训练一篇文章，有些训练者，一篇文章可能3遍都不能在规定的时间看完，那就必须再反复阅读这一篇文章，直到能轻松在规定时间内阅读完。

千万不能一篇文章训练了几遍没有效果，又去找新的文章训练，这样就像一壶水没有烧开又去烧另外一壶水，没有太大的意义。

训练第二步就是认真做回忆训练，如果只做阅读训练，不做回忆训练，那这个训练就没有做完整。一分钟训练环节：阅读加回忆训练才是完整的训练。

在刚开始做完计时阅读训练之后觉得大脑一片空白，回忆训练时一篇文章只能零散地回忆出几个词，当出现这种情况，要按照前面的回忆方法，尽量回忆，即使觉得回忆不出来的时候，也不要轻易地放弃，要知道任何能力的获得，或奇迹的创造，都是在再坚持一下的努力之中实现的。

当确定已经把大脑当中的印象掏空之后，用前面阅读的方法和速度，把这篇文章再读一遍。阅读完之后，再重复进行回忆训练。

经过这样反复的训练，在快速阅读时候的眼睛对文字的阅读能力和记忆状况就会得到稳步的提高，许多人甚至会惊奇地感到读完书一闭上眼睛，刚才读过的内容又一次在眼前展现，哪些内容在哪页哪个部分，甚至都能清清楚楚地回忆出来。

当阅读完一篇文章之后的理解力、回忆率能够达到 60%~70%，并能稳定保持之后，再进行下一篇文章的训练。

专栏 1　速读理解、记忆效果衡量的几个标准

❶ 什么也回忆不出，理解和记忆程度为 0。

❷ 能回忆出与文章主题（中心）思想无关的只言片语，理解和记忆程度为 10%~30%。

❸ 能就某一部分回忆出大致内容，理解和记忆程度为 40%~50%。

❹ 尽管有的部分忘得干干净净，但是大部分内容能具体回忆出来。或者能概要地回忆出整体性内容，理解和记忆程度为 60%~70%。

❺ 漏掉很少，能按照原文正确、具体地回忆出内容的发展过程，理解和记忆程度为 80%~90%。

❻ 几乎能相似地回忆出原文，理解和记忆程度为 100%。

许多接触过快速阅读训练的朋友在阅读过程中会碰到一个非常大的困扰，就是发现在阅读过程中会出现默读声音的情况，而严重影响了阅读的速度和效果。此前也分析过，音读（发出声音和默读）确实会影响阅读速度。

几乎每一个速读训练门派都会有消除音读的专项训练。但是这些训练的根本形式不外乎三种。现与各位读者介绍一下，以后碰到类似的训练就能找到其原理。

第一种：嘴巴默念法，就是在阅读时嘴巴念念有词（可以发出声音，也可以默读），但是嘴巴念的不是书本当中的内容，而是与书本毫不相干的内容。门派不一样念的内容就有所区别，有些速读训练门派是念佛教咒语，有些门派是嘴巴里有节奏地打着拍子。以后再碰到嘴巴念念有词的均可归纳到这一类。

第二种：嘴巴含东西法，阅读时为了抑制发音，舌头顶着上腭或者嘴巴里面含颗糖，或者一粒纽扣。其原理是不让舌头动，抑制了发音器官，也会相应抑制音读的出现。

第三种：手指敲击法，阅读时为缓解音读，手指有节奏地敲击节拍。

以上为主要的传统消除音读的方法，以上方法的根本原理就是注意力的分散，在阅读时强行用与阅读内容不相干的行为干扰音读的出现。这种训练方法显然容易导致阅读效果很糟糕。而且这种训练方法见效不明显，经过数周或者数月的训练也不能绝对完全消除音读。这也是很多在做速读训练的朋友碰到的一个问题。

我的课程中没有专门的消除音读的训练。只要在阅读过程中刻意地把阅读速度提升上来，音读出现的频率自然会降低，因为声音的速读跟不上眼睛看的速读，当声音出现的时候，眼睛已经看到下一句的内容了，这种训练方式就有点像武功当中的"天下武功为快不破"。

　　我的快速阅读训练与传统的速读训练相比，在保证效果的前提下精简了很多环节，抓住了能够出效果的核心环节。因为在训练过程中环节越多，耗费的精力会越多，碰到的问题就会越多，这是造成很多自学速读的朋友容易放弃的原因。相比之下，参加我课程的学员，能够在短短的十几个小时内就有很明显的提升。

　　一项技能的形成一定要从最简单开始，从最容易开始，这样会更容易获得成功，找到感觉，从而更进一步学习下去。

　　在实际教学中不断有学员来跟我说："老师我现在看书碰到很大困惑，一拿起书来就会感觉到我看书有默读声，严重影响了我看书的状态。"这种情况说明音读这个概念在这些学员的思想中是负面的，并且导致了学员在阅读时注意力不集中，那阅读效果肯定会很糟糕。

　　这个问题不是原来就有的，而是由于一些书的作者或者课程的老师给你灌输了一种思想和信念，让你知道了音读会影响阅读的速读，所以有一些容易受心理暗示的朋友就牢牢地记住，并在阅读时一直关注音读这个问题。

　　大家要辩证地看待音读这个问题，不仅要认识音读的局限，还要认识音读给阅读带来的帮助。

　　音读从另外一方面讲对我们阅读有非常大的帮助，音读能够增加我们阅读时的理解率、回忆率，特别是在专业书籍的阅读上必不可少，这叫多感官登记信息。就像我们背单词，只用眼睛看效果不好，如果一边看一边念或者再拿支笔抄写单词，效果肯定会大幅提升。

　　在实际阅读过程中正确对待音读的做法：

❶　阅读中完全消除音读是不可能的。只是在阅读得快的时候，出现的频率少；在慢的时候，出现的频率高。

❷ 慢下来和有音读的情况一般都是遇到有难点的内容，而自动停下来的，能够增加对内容的理解。

❸ 对于音读和回看，不要焦虑，它们都是很正常的现象。

第四节
训练流程

（1）放松训练：按第一天训练详解，进行 3 分钟的训练。

（2）眼睛热身训练：按第一天训练详解 A、B、C、D 图，每个图一分钟，每训练完一个图，中间休息一分钟。

（3）增加眼睛视幅训练：按第一天训练详解，进行 3 分钟增加视幅的训练。

（4）一分钟文章计时训练：按照本节内容训练详解的要求，进行一分钟文章训练，一篇文章反复训练，训练到一分钟能够看完为止（本节附训练文章）。

（5）回忆训练：按本节内容训练详解进行阅读之后的回忆训练，一篇文章训练直到达到 60% 的回忆率。

一分钟训练阅读材料
救你没商量

有个老板，又做成了一笔黑心生意，喝高了，跟跄着去卫生间。他走到门边，可是摸来摸去找不着门把手，他就硬推，推不动；拉，也拉不动，再往左一使劲，这回门开了。老板心想："原来卫生间用的是推拉门。"老板想往里走，却发现门槛特别高，一琢磨："这样下水道堵了，水就漫不出来了，周到！"

想着，他把身子趴在门槛上，先迈左腿，再迈右腿，然后往下一蹿，同时伸手去摸拉链，只待双脚一着地，就可以痛快地方便了。

可是左脚蹬不着地，右脚也蹬不着地，耳边还呼呼地响。这是咋回事？老板睁开眼一看："咦？这楼呀、窗户呀，怎么全都呼呼地往上跑呢？噢，刚才那哪是卫生间的门啊，那是窗户！"

自己这是从窗口掉楼外去了。掉了好一会儿还没着地，看来这楼层不是一般的高。老板正害怕呢，突然腰上被什么东西挡了一下，然后脚底下一实，他着陆了。老板摸了摸头，头在，扩了扩胸，也不疼，站起来走两步，走路也正常。看来是平安着陆了。他抬头一看，时值深夜，这幢楼一片黢黑，只有二十几层的一个窗户有灯光，窗户还开着。看来那就是自己刚出来的地方了。

老板出来本是找卫生间的，既然安全着陆了，那还得接着找啊！他四处寻摸，发现两步远的地方有什么东西在冒着火花。到跟前一看，是一根长长的黑黑的线，老板脑子里灵光一闪："导火索！看来恐怖分子要搞恐怖袭击！怎么办？"他当下义无反顾地拉开裤子，一泡尿向那团火花浇去。挫败了恐怖分子的袭击，老板心里一松，酒劲儿上来，躺在路边呼呼睡去。

第二天他一睁眼，就看到密密麻麻的镜头和麦克风。见他睁开眼，记者们立即问："先生，请问，您从 28 层楼上跳下来毫发无损，又在 10 万伏高压线上撒尿，也没事，你是怎么做到的？"

老板一听，原来那冒火花的不是导火索啊，他不好意思讲自己的丑事，一句"我是超人"，挡开众人，闪了。

其实，老板自己也纳闷："从那么高的楼上跳下来，又在高压线上撒尿，怎么会没事呢？"

他决定再现一下当时的情形，不过这回他跳楼的时候背了个降落伞，以便到时跳伞逃生。

耳边还是呼呼风响，快着地的时候，还是没有奇迹发生。这时老板突然想到一个严重问题，那就是："现在打开降落伞已经太晚了，自己要被摔死了！"

正当这时，老板突然感到耳朵剧烈疼痛，仰脸一看，一个金甲神人正大头朝下，两手各揪着他的一个耳朵帮他减速。老板这才明白自己上回毫发无损的原因：原来是有神护卫。

着陆后，那金甲神人皱着眉头盯着老板，没好气地说："你怎么老玩这种无聊游戏，你烦不烦？"

世界上那么多人跳楼都摔死了，这说明金甲神人并不是什么人都救的。老板想探探他为什么要救自己，就说："爷就好这一口，怎么啦？谁让你多管闲事，什么地方不好揪，偏揪我的耳朵。我这耳朵只有我媳妇才有权揪！"

金甲神人摇摇头，没好气地说："要不是奉命保护你，鬼才管你呢！"

老板一听，不由心花怒放："有金甲神人奉命来专门保护老子，那不是说老子前途无量，福大命大？哈哈……"

自从知道这个秘密后，老板是什么危险玩什么。油库玩过火，越南踩过雷，当着老婆面赞过别的女人美。由于有神护着，全都没事儿。

有一天，老板从一辆卡车旁走过，卡车爆胎了。车上装了满满一车石子，重心一偏，侧翻了，正好把老板压在底下，外面只露出个脑袋。

老板一息尚存，睁眼一看，果然金甲神人就站在自己旁边，立刻说："看什么看，还不把爷拉出来？就你这服务态度，小心我到玉帝面前告你。"

不料金甲神人这回却没有动手，反而如释重负地说："告去吧，反正我的任务完成了，歇着吧您嘞！"说完，拍拍屁股就要走。

老板赶紧换了一种口吻，喊住了他："大仙请留步。小人死不足惜，但有一事不明，还请大仙解答。"

金甲神人头也不回，说："我知道你想问我，这次为什么不救你。告诉你吧，因为你长期贩卖伪劣轮胎，害人无数，上天要你受到应有的报应，死于爆胎。我的任务就是：确保你死于爆胎，而不是别的原因，所以我前面屡次救你，而这次不救。"

（1596 字符，内容来自网络）

DAY 3

第三章
10 倍速阅读训练

第三天的内容训练在前一天的基础上，加了一本书的实际阅读训练。今天的阅读书籍是消遣性读物（小说、报纸、杂志）。

10 倍速快速阅读
训练宝典

第一节
深化回忆技巧

通过第二天回忆技巧的讲解，大家对回忆技巧想必有了一定的掌握。在本节理论中，继续深入讲解一下回忆的技巧：总结概括法、提链子法。

总结概括法其实就是让大脑从最粗的框架开始回忆。因为无论是文字还是说话，如果要表达一个完整的意思，都会用很多句话展开，反过来说其实很多句话就是表达一个中心。所以看完一篇文章可以总结出大概的结构。这样最初的框架就出来了，然后凭借这些框架，再回忆很多的细节。

语言都有逻辑性和结构，信息在我们脑子里面存储，如果没有回忆技巧，那这些信息在脑子里就像糨糊一样。如果能找到其中一个切入点，那就像自行车链条一样，可以一环扣一环，把总体框架带出来，再进一步回忆更多的细节，这就是提链子法。

为了让大家更好地理解，与大家分享我回忆这一篇文章的过程。

我首先想到的是文章的标题（这就是一种总结法，标题可以不是原文一模一样的，自己总结的标题也可以），其次我就想到了这篇文章的结构，再次出现了每个结构大概的内容，最后再由这些大概的内容用 5W2H 提问法带出了很多的细节。

这篇文章回忆具体的情况：标题（因为鲁莽闯的祸）；结构文章前面几段展开（比如 1~2 段总结起来就是作者说小时候脾气犟，像犟毛驴，只能顺着摸，不能反着来，因为脾气犟，吃了很多亏）；然后举了 3 个故事：

故事 1：总结为小刀（展开细节：有一次得到一把锋利小刀，小刀铮亮，跟小伙伴吹牛，世界上最锋利，小伙伴说他吹牛，能不能把大拇指切下来，这个二愣子，二话不说，往大拇指上剁，结果差点剁断，都见到骨头了）。

故事 2：总结为从二楼跳下来（展开细节：有一次不走楼梯，从二楼跳下，把腰扭了，爸爸非常生气，批评他。他不服气顶嘴。爸爸说嘴硬有本事跳下来不要扭到腰，反驳爸爸下次就跳一个不扭腰的看看）。

故事 3：总结为抓小伙伴（展开细节：家里有果树，一个小伙伴，比较胖，有一次偷他家果子，被他发现，他一直追了很远，将小胖子逼到角落。小胖子没地方逃，低头向他冲过来。他一把抓住小伙伴，结果小伙伴钻进日本和服宽大的袖子里面。他一直抓着袖口，小伙伴在袖子里憋着，狠狠地咬了他的手臂，导致他手上落下牙印）。

第二节
大脑出图训练

或者有时你看完一篇文章后，会感觉这篇文章的内容就像电影一样在眼前播放。一般一篇文章细节非常多的时候就容易带给人这样的感觉。

如果你想要一篇文章看完之后回忆的效果比较好，最好能在脑子里面主动促进这种情况的发生。

特别说明：阅读有故事情节的文章和书籍才容易出现图像，阅读专业书籍一般不容易出现图像，因为专业书籍和文章很多是抽象的知识，不能直接出图，需要经过转化。

在现实中有些人背文章比较快，念几遍就可以背出来。有一个重要原因就是他们在背文章的时候，将文字以图像的形式进行存储。有些人一篇文章背了很多遍都记不住，其中一个重要因素就是背文章的时候，脑子里面呈现的还是一个个方块文字，这些抽象的信息是不容易记住的。

根据左右脑分工原理，右脑管图像，所以现在流行的右脑潜能开发，其中有一个环节就是训练右脑出图能力。

大脑出图能力也是可以经过后天刻意的训练提升的。在此介绍几个容易操作的训练方法供大家使用。如果你有这个方面的需求可以在做完速读训练后，花一点时间刻意地进行一下右脑出图训练。

右脑出图训练方法一：

在平时背诵课文时同步进行右脑出图训练，这样做的好处是避免了刻意训练的枯燥，背课文、锻炼右脑出图一举两得。因为对于学生来说，偏文科的文章和诗之类的记忆材料大部分是能直接出图像的，所以可以刻意背一句，想象一个场景或者图像。由于不熟练，刚开始可能会比较慢，也会感觉图像不清晰，随着不断地训练，出图的能力会越来越好。

月光如流水一般，静静地泻在这一片叶子和花上。薄薄的青雾浮起在荷塘里。叶子和花仿佛在牛乳中洗过一样；又像笼着轻纱的梦。虽然是满月，天上却有一层淡淡的云，所以不能朗照；但我以为这恰是到了好处——酣眠固不可少，小睡也别有风味的。月光是隔了树照过来的，高处丛生的灌木，落下参差的斑驳的黑影，峭楞楞如鬼一般；弯弯的杨柳的稀疏的倩影，却又像是画在荷叶上。塘中的月色并不均匀；但光与影有着和谐的旋律，如梵婀玲上奏着的名曲。（内容选自朱自清《荷塘月色》）

很多学生在背这样的文章的时候，就是反复念，但是3~5遍都不一定记得住。如果能够念一句，再闭上眼睛想一句，在脑中清晰地想象图像，那么记起来就更轻松了。

右脑出图训练方法二：

听视训练法，就是听一段文字（别人给你念，或者听录音），听完之后试着回忆图像，将刚才听到的内容回忆出来。听的内容是最好要有故事情节的，如果感觉有难度，可以刚开始听一两句，再慢慢增加内容。这种训练方法在训练右脑出图时，同时也使听觉敏感和注意力得到提升。因为注意力稍微不集中，就会没听到或者忘记了内容。

在做听视训练的时候，如果听的时候或者听完之后想把文字都背下来，可能会感觉大脑空白，但是如果想首先出现什么，再下一个环节是什么，中间有什么动作等，就会发现回忆的内容栩栩如生，就像精读一样。

第三节
瞬时记忆

前面说到过影响阅读速度的一个很重要的原因是心理的障碍：看书的时候不敢快，哪怕学习了如何能够看快的技巧，哪怕是看比较简单的书籍都依然是慢慢一个个字地看。

为了打开大家的心结，我给大家讲一下记忆的三个系统。这个理论虽然和快速阅读没有直接的联系，但可以改变你的思想，你的思想改变了，你的行为就变了。

认知心理学家根据信息保持时间的长短，将记忆分为：瞬时记忆、短时记忆和长时记忆三个系统。

其中我们主要探讨一下瞬时记忆。

瞬时记忆：瞬时记忆又叫感觉记忆，在瞬时记忆中材料保持的时间很短，约 0.25~2 秒。外界信息首先经过眼、耳、口、手等感觉器官进入感觉记忆，信息按照感觉输入的原样在这里登记下来，所以瞬时记忆又叫感觉登记。如果对瞬时记忆中的信息加以注意，或者说当意识到瞬时记忆的信息时，信息就被转入短时记忆了。否则，没有注意到的信息过 1 秒钟便会消失，也就是遗忘了。

我们随时都在遗忘，就像你看到这里的时候，刚刚看过的前面几页的内容很多都已经忘记了，只剩下一些大概的印象。

遗忘可以看作人的一种缺陷：人不能什么都能记住；但是又可以看作一种大脑的保护机制。如果没有这种能力，我们大脑或许早就超负荷了。因为我们每天接触的信息难以计数。从早上睁开眼睛开始，我们会看到千千万万的事物，听到千千万万的声音，还会闻到、碰触到无数的感觉信息。如果人无法遗忘，那这些都会被记在脑子里，脑子必然成为一团糨糊。所幸每天接触的这些信息，至少 90% 会被大脑自动遗忘，保护我们大脑不被一些无用信息充斥着。

所以哪怕你一个个字慢慢地看完一篇文章，甚至把一篇文章反复念几遍，都会遗漏细节和信息。

既然慢慢阅读也会遗漏，那就不用担心读得快之后忘得多了。在上系统训练课程的时候，我一直告诉我的学员：不用担心，读快一点，效果不会比以前慢慢阅读的效果差，经过训练你反而会感觉回忆效果比以前好。

如果当你在进行快速阅读的时候，心理障碍依然不能突破，就想想我对我的学员说过的这句话。

第四节
阅读一本消遣性图书

经过前面 3 天的训练，相信你在一分钟文章上的训练已经有了进步。我们今天的内容会增加一个新的环节：实际书籍阅读环节。因为看文章和实际看书还是有区别的。今天是阅读书籍的第一天，我们还是从消遣性读物开始。首先你要准备一些消遣性读物用作平时训练用。

实际阅读书籍和一分钟文章训练还是有差别的。差别主要在于：

实际阅读书籍的时间不像文章一分钟计时训练的时间卡得那么严格，因为看书是一个持续的过程，所以多一点时间少一点时间都可以接受。可以这样说，我 10 分钟大概阅读了多少页，或者 100 页的内容我大概花了多少时间。实际平均阅读速度在一分钟 1600~3200 字都是可以接受的。

文章一分钟计时训练虽然速度也有快慢变化，但是因为时间紧迫这种变化不明显。实际看一本书，速度快慢变化就比较明显，内容比较轻松的地方阅读会比较快，艰涩难懂的部分可能会阅读得慢一点。

文章一分钟计时训练完了之后一定要做回忆训练，这样才算一个完整的训练。但是实际阅读书籍的时候，就不需要做回忆训练，因为一本书做回忆训练太耗费时间，而且一本书的内容太多了，回忆的时候会比较粗略，一般阅读完了之后有收获感就行。

文章的回忆训练的能力会迁移到书籍阅读上，尽管看完书籍时候印象没有看完一篇文章那么清晰，记住的细节也没有那么多，但是这依然会比你用传统速度阅读完一本书籍的收获感多。

从现在开始阅读书籍了，大家要把一句话深深印在脑子里面：根据你的阅读目标和阅读书籍的体裁，调整你的阅读方式。

简单来说，我们的书籍和阅读目标分三类：阅读消遣性读物（小说、报纸、杂志）的目的是打发时间、了解最新资讯；阅读提升能力和专业书籍是为了提升自己的综合能力和专业知识；阅读考试的书是为了通过考试。

很多人阅读书籍的时候速度慢，其中一个很重要的原因就是目标不清晰，没有什么阅读"技巧"。无论什么种类的书，阅读目标都是用慢慢看的方式阅读。"用一种方式打天下"这显然是不科学的。

我们今天看的书是消遣性读物，那我们通过一个实例分析一下，为什么以前阅读书籍慢，以及应该如何阅读。

童年

我们从一份档案开始。

姓名：朱元璋

别名（外号）：朱重八、朱国瑞

性别：男

民族：汉

血型：？

学历：无文凭，秀才举人进士统统的不是，后曾自学过

职业：皇帝

家庭出身：（至少三代）贫农

生卒：1328 — 1398 年

最喜欢的颜色：黄色（这个好像没得选）

社会关系：

父亲：朱五四，农民

母亲：陈氏，农民（不好意思，史书中好像没有她的名字）

座右铭：你的就是我的，我还是我的
主要经历：
1328 — 1344 年　放牛
1344 — 1347 年　做和尚，主要工作是出去讨饭（这个……）
1347 — 1352 年　做和尚主要工作是撞钟
1352 — 1368 年　造反（这个猛）
1368 — 1398 年　主要工作是做皇帝

一切的事情都从 1328 年的那个夜晚开始，农民朱五四的妻子陈氏生下了一个男婴，大家都知道了，这个男婴就是后来的朱元璋。

但凡皇帝出世，后来的史书上都会有一些类似的怪象记载。比如刮风啊，下暴雨啊，冒香气啊，天上星星闪啊，到处放红光啊，反正就是要告诉你，这个人和别人不一样。朱元璋先生也不例外，他出生时，红光满地，夜间房屋中出现异光，以至于邻居以为失火了，跑来相救。

（内容来自当年明月《明朝那些事儿》）

当我们看一本书，首先你要明确你的阅读目标是什么。是消遣打发时间，简单看看就行；还是为了考试，里面每个人名、年代都要背下来？

比如实例中方框框起来的第一部分，看得快的人，很快看一下就知道了要介绍的这个人物（朱元璋）大概的情况。

但是看得慢的人，几乎还是一个个字慢慢看，特别是在朱元璋的别名朱重八、朱国瑞这两个人名停留的时间比较长，有些伙伴甚至还停下来刻意地背诵记忆。

这样的方式确实会令人对这个信息记得比较牢，但是你想想，这样做有没必要。这套书一共 7 册，合计 1900 多页，超过 100 万字。里面的人物走马灯一样上上下下。就算你现在记住了，后面依然会忘记（遗忘定律）。但是在你这样停的时间比较长，可能你在看第二行的时候，别人已经看到第十行了。

另外还有一个比较有代表的就是方框的年代部分，看得快的伙伴会看年代，但是不会太关注，主要看后面的经历，但是看得慢的，每个经历的年代会停下来算一下。比如放了16年的牛，那恭喜你，你算的非常正确。但是你有没想过，你阅读这本书的目标是什么，把每个年代背诵下来吗？这一套书里面的年代没有上万个也至少有上千个。随着时间的推移，你依然会忘记这些信息。

我的阅读习惯，看这样消遣性读物。遇到人名、地名和年代之类的我一般不会太关注，甚至直接略过，所以会效率更高。

有些伙伴可能会说：老师你这样看书太粗略了，体验不到阅读的乐趣，人名和地名都不记得。

对于这样的疑惑，我的问答是：阅读书籍第一遍印象都是比较粗略的（遗忘定律的影响），哪怕一个个字慢慢看效果也差不多。就算当下背诵了，随着时间推移你依然会忘记。如果一个人名、地名重要，它一定会在书籍中出现很多次，重复多了，你自然就记住了。

我们看书的目的是获取信息，以前你对这个人不了解（假设这篇文章写的不是朱元璋，而是一个你不认识的人），但是通过那一页的内容，我知道了他大致的情况（出身、家庭背景、经历、成就等）。至于是否要精确记忆所有的信息，那要看是否有需要。

在我们的课程中，还有些伙伴提出其他的问题："老师，如果我是为了通过考试而读书呢？"显然，此时的阅读目标又变了，我会用记忆书本的方法把时间、人名、历史事件背得滚瓜烂熟。

通过上面的分析，各位伙伴可以思考一下，你是不是因为这些原因而阅读效果不理想呢？刚开始因为不熟练，快速阅读会造成阅读书籍时候的效果不太理想，体验不到阅读书籍的乐趣，但是随着阅读能力越来越强，一定会让阅读速度比以前快，感觉也会比以前好。

很多小伙伴感觉看完之后大脑一片空白，没记住多少，哪怕阅读比较简单的消遣性书籍也是如此，造成这种情况的原因主要有 2 个：

看书时的注意力不集中，眼睛在看书，但是大脑的注意力并没有在阅读上，文字没有进入大脑。

这个问题可以通过放松训练和明确阅读目标来解决。训练方法，详见"十天训练环节"。

缺少回忆技巧，文字进入脑子里但是不知道如何回忆提取出来。解决方法是掌握回忆的方法和技巧，然后不断通过训练提升自己回忆能力。训练方法，详见"十天训练环节"。

在进行速读训练时，特别刚开始的几天，最容易出现阅读速度提升了，但是理解率和回忆率直线下降的情况，即大脑出现"断档"。这是因为大脑就像一个文字加工机器，以前大脑处理文字信息的数量不大，大脑适应了这种缓慢的加工速度，现在进行速读训练的时候，大脑一分钟处理文字的数量增加了很多倍，大脑一下处理不了这么多文字信息，理解和回忆就跟不上。这种情况会令很多速读初学者产生挫败感。

不过大脑的适应能力很强，大部分人一般坚持训练 3~5 天，大脑处理文字的能力就会大大提升，所以克服训练的挫败感、坚持训练是取得成功的必要条件。

第五节
训练流程

（1）放松训练：按前面训练详解，进行3分钟的训练。

（2）眼睛热身训练：按前面训练详解A、B、C、D图，每个图一分钟，每训练完一个图，中间休息一分钟。

（3）增加眼睛视幅训练：按前面训练详解，进行3分钟增加视幅的训练。

（4）一分钟文章计时训练：按前面内容训练详解的要求，进行一分钟文章训练，一篇文章，反复训练，训练到一分钟能够看完为止（本节附训练文章）。

（5）回忆训练：按前面内容训练详解进行阅读之后的回忆训练，一篇文章训练直到达到60%的回忆率。

（6）书籍阅读训练：每天最少用10分钟进行书籍阅读，要求每分钟达到1600~3200字（消遣性书籍）。

一分钟训练阅读材料

为尊严站岗

新建的历史纪念馆门口竖着一块告示牌，上面写着几个大字："请勿携带宠物进入馆内。"

一个珠光宝气的妇人，牵着一个小男孩，小男孩手里牵着一只穿红戴绿的小狗，旁若无人地向馆内走去。

一位中年保安忙伸手拦住他们，彬彬有礼地说道："夫人，馆内不准带宠物，请您还是把小狗留在外边吧！"妇人白了他一眼，不屑地哼了一声，并没有停下来的意思。保安又跨出一步，拦在他们面前，并俯下身去，亲切地对小男孩说："小朋友，带小狗到里面去不好，先把狗放在外面，好不好？"

"不好！"小男孩直截了当地尖声回答，同时厌恶地后退一步。

保安还是耐心地解释道："我们纪念馆有这个规定，一来是怕宠物乱跑损坏文物，二来是表示对死难者的尊重……"

妇人厌烦地挥挥手，高声叫保安让开，保安的语气虽温和，态度却很坚决，总之，就是不准她带狗进去。妇人恼了，拉着小男孩要走，说道："什么破纪念馆，我还不稀罕瞧呢！"但小男孩不想走，说要看坦克、看大炮、看机关枪。

后面等着进馆的游客都看不下去了，纷纷谴责这对母子。妇人骄横地说："这个纪念馆不就是兴邦集团捐建的吗？我老公就在兴邦当经理！我打一个电话，马上就能让他卷铺盖滚蛋！馆长，叫你们的馆长来！"

馆长额头冒汗地跑了过来，妇人斥责他道："你这个馆长是怎么当的？请了这样的保安！"

馆长看看保安，想说什么，但没有说出来。他为难地转向妇人，先向她道歉，然后再三解释，又叫人抱来一个大纸箱，铺上棉絮，承诺一定会好好照顾小狗。妇人看威风已经耍得差不多了，又看看背后一双双愤怒的眼睛，这才答应把小狗留在馆外。馆长小心翼翼地把小狗放进纸箱，妇人握握小狗的爪子，对它说声拜拜，然后趾高气扬地进去了。

几个小时后，这对母子出来了，他们来到纸箱前，呼唤小狗，可令他们吃惊的是，小狗直挺挺地躺在纸箱内，一动不动，任他们怎样呼喊，就是没有一点儿反应。

"安尼，我的宝宝，你怎么了？你说话呀！"妇人焦急地呼唤着。小男孩更是把小狗抱在怀里，眼泪都快流出来了。

"别叫了，小狗被我掐死了！"一旁的中年保安冷冷地说。

保安平静地回答："不就是一只小狗吗？有什么敢不敢的，即使你牵来一条大狼狗，我也照样能掐死！"

妇人恼怒了："你真是个乡巴佬！大狼狗怎么能和我们高贵的安尼比！我们安尼值多少钱，你知道吗？"

保安把手伸进口袋："到底多少钱，说个数吧，正好，我这个月的工资刚发……"

"呸！"妇人毫不掩饰自己的轻蔑，"就凭你那点工资，一辈子也赔不起！"小男孩在旁边应和着："安尼是从伦敦抱回来的，值好多钱呢！你等着！今天你不赔钱，我和你没完！"正说着，妇人眼前突然出现一张纸条，保安说："这张支票，除了买狗的钱，其余的是精神损失费，够不够？"

妇人诧异地接过来，仔细看看，的确是张银行支票，上面清清楚楚地写着个惊人的数目。

她低头看看支票上的签名，再抬头仔细看看眼前的保安，脸色突然就变了，结结巴巴地说道："您……您是冯总……我在公司酒会上远远见过您一面，您……您穿着这身衣服，我刚才没有认出来。对不起，对不起……"

冯总没有直接回答她的话，而是蹲下身来，问小男孩："知不知道今天是什么日子？"小男孩想了想，想不起来。冯总又指指纪念馆，提示他，孩子这才想起来，说："今天是大屠杀纪念日。"

冯总脸色庄重地说道："我的爷爷奶奶都是在那场大屠杀中被杀害的，今天是他们的忌日，我在这里给他们站一天岗，不合适吗？"

妇人连声说："合适合适。"冯总又想起什么，就问妇人，刚才她说她老公是兴邦集团的经理，是哪个经理。妇人面红耳赤地说，他只是东城分公司的经理。为了掩饰尴尬，她把那张支票塞到冯总怀里，说什么也不要。就在他们推辞的时候，小男孩突然喊道："妈妈，快看，安尼又活了！"果然，小狗睁开了眼，紧接着从地上爬了起来。冯总笑了一下说："我哪能真把它掐死，只不过让人给它打了个麻醉针而已。狗没有错，错的是人啊……"

"我这样做，只是想对你们说一句话。"冯总蹲下去，对正在亲热地抚弄着小狗的男孩说，"孩子，记住，无论以后你多有钱，心中都要保存一份敬畏，有些话不能说，比如随便称别人为狗；有些场合不能放肆，比如这里……"

说话的时候，冯总的手指着纪念馆，小男孩似懂非懂地点点头。

就在这时，传来一阵喧哗，有人大声喊叫着："那家伙在哪里？找出来废了他……"

冯总叹息着摇摇头，妇人的脸上白一块红一块……

（1780 字符，内容来自网络）

DAY
4

第四章
10 倍速阅读训练

第四天主要讲解快速阅读在提升能力的书籍和专业书籍上的用法。

10 倍速快速阅读
训练宝典

第一节
能力提升书和专业图书的特点

前面几天的主要训练内容都是集中在消遣性读物上，这是在为阅读提升能力书籍和专业书籍做准备。

特别说明：从今天开始，对于一分钟阅读文章能轻松达到目标的训练者。训练环节 1~5 已经属于次要训练，每天有时间保持训练一下即可，把重点放在阅读书籍的应用上。

在以前很长一段时间，快速阅读培训就是一味地追求阅读速度，让训练者快、快、快。这种情况带来的结果就是快速阅读只能应用在小说等消遣性书籍上，所以很多人接触速读之后觉得速读的实际用处不大。

在当下这个快节奏的社会，我们阅读的目的大部分是提升能力和夯实专业。我个人一直认为，如果快速阅读只能应用在消遣性读物上，而不能应用于阅读提升能力书籍和专业书籍上，那就没有太大意义。

使用快速阅读方法来阅读能力提升书和专业图书，你就能成为一个有技巧的阅读者，真正体验到阅读的乐趣，从而爱上阅读。

现在的书籍林林总总，如果具体细分，每一种类、每一学科、每一专业的书籍千差万别。但是就阅读方式和方法来说，提升能力的书籍和专业书籍的阅读方式是一样的，因为他们的基本特点是一样的。

提升能力书籍和专业书籍相对于消遣性读物来说：

1. 有明显的重点和非重点之分

就像这本书，里面有许多的重点，但是也有不少展开说明，举例等非重点信息。其实不仅仅是这本书，几乎所有专业书都有重点和非重点之分，不可能每个字都是重点难点（当然有些特殊书籍除外：外语或者古文类，刚开始接触每个单词都需要查字典）。

其实不仅是书籍，任何一门课程也是一样，老师一定会讲重点，也会穿插举例，甚至开开玩笑，发散一下（听老师讲课和看书其实本质一样，只是形式不一样。老师讲课主要以声音形式展现，书籍是以文字形式展现）。

著名的二八原理也提到过类似的观点，一本书中往往重点就是一部分，而不是全部（当然每一本书重点和非重点的比例并不绝对是二八分）。

很多人以前认为看提升能力书籍和专业书籍的目的是把书籍中的重点记住、理解、吸收，而这些目的并不是阅读第一步要实现的。

通过了解提升能力书籍和专业书籍这一特点，应该明白我们看书第一步是要熟练地判断重点和非重点。如果这一步比较熟练，你会在阅读的时候高效、轻松，并且效果还好。

2. 阅读书籍从来都不是匀速的

很多速读训练者都认为速读就是一味地快。例如训练了一分钟 1600 字，以为由始至终都要按照这个速度来看书。

书籍有重点和非重点之分（难点和非难点），重点一般比较重要或者有难度，就会耽误时间。非重点一般是补充举例、说明，甚至是一些无用信息。这就会造成我们阅读的速度从来都不是匀速的，阅读速度一定有快慢变化的。

我们说的 3 个小时看完一本书（200~300 页，约 20 万字）。其实在这几个小时阅读中：有阅读速度很快的地方，甚至一扫而过的内容；但是也有阅读速度很慢，需要一边看书一边记笔记，甚至停下来思考的内容。

第二节
变速阅读

我们在阅读提升能力书籍和专业书籍的时候用的方法就是"变速阅读"。

变速阅读是指在进行快速阅读时，在判断出重点、非重点的基础上，对某些重点、难点部分适当放慢速度，简单部分加快速度的一种灵活的阅读方法。这其实是建立在以前面几天扩大视幅为基础的快速阅读上的科学阅读方式。这能缩短总的阅读时间，提升效率，效果比以前用传统的阅读方式好。具体来说，这种变速阅读有以下好处：

让眼睛劳逸结合：我们阅读速度比较快时，眼睛就会运动得比较快，如果长时间保持快速运动，眼睛必然会疲劳。在变速阅读中阅读快的时候，眼睛就会快速运动；但是重点部分放慢阅读速度的时候，眼睛就会得到休息。

注意力得到很好的分配：人的注意力保持时间总是有限的，成年人也不能连续好几个小时始终保持高度的注意力。如果连续阅读一个小时的书籍，有一部分时间的注意力就是涣散的。在变速阅读中遇到非重点时注意力不用刻意保持，遇到重点部分高度集中注意力思考理解。

更好地分配记忆资源：因为遗忘定律影响，我们看完一本书之后不可能记住所有的内容。一些读者胡子眉毛一把抓，妄图抓住所有的文字信息，结果阅读完一本书之后连看了什么都不记得（因为信息之间会互相干扰，内容越多记忆负担越重）。

相对于慢慢看完一本书，变速阅读有以下的优势：

1. 保证能第一时间看完

现在人们工作生活节奏快，每天阅读时间可能只有几十分钟。如果按照传统方式慢慢看，一本书可能几天都看不完，而且人对一个事物的兴趣随着时间的推移会慢慢消失，如果一本书超过三天看不完，就不愿意看了（这也是很多人买了很多书却从来没看过的原因）。

按照我对学员的要求，一本书必须在 2~3 个小时阅读完第一遍（提升能力书籍，甚至是专业书籍）。这样阅读之后可能会比较粗略，收获很少，但是这样能保证你看完后，可以建立对这本书的整体印象，多少还是会有收获的。

2. 阅读之后的效果明显提升

很多人觉得慢慢阅读效果好，其实在很多场景之下，一个个字看书并不科学。因为一本书中的重点难点就相当于金子和精华，对待这些金子和精华应该要慢慢加工，仔细加工，慢慢打磨，才能充分地吸收（通过笔记、思考、总结、背诵进行精细加工）。如果只是简单地看了一遍，不仅看得慢，而且收获也比较粗浅。

对于那些非重点和无用信息就可以快一点，但是很多读者对于这些信息没快起来，不仅耽误了时间，还造成看书效率低效。通过前面几天速读训练的读者，可以很轻松地在这些地方提升阅读速度，节省阅读时间。

所以这样阅读一本书的时间或许只要 2~3 个小时，但是阅读效果会比以前好很多。

通过学习本节的理论内容，从今天开始阅读书籍的选择，建议先从提升能力的书籍开始。毕竟专业书籍枯燥、有难度，先通过难度不大的提升能力书籍找找感觉，培养习惯。

第三节
快速准确地区分重点和非重点

在课堂上很多学员听完书籍中的内容分重点和非重点之后，紧接着会提出一个问题：如何才能快速准确地区分一本书的重点和非重点？

在阅读过程中，许多读者感觉一本书每个字都是重点，这个问题确实也困扰很多阅读者，阅读中不会区分重点和非重点会让阅读效果低效而糟糕。

以小说为代表的消遣性书籍的重点和非重点确实不好区分，但是提升能力的书籍和专业书籍的重点和非重点非常好区分。因为这类书籍是按照人的阅读行为习惯进行编排的，书本中很多地方都在告诉你：这里是重点。就像开车一样，路上很多路标、路牌在提示你，很可惜，有些人开车从来不注意这些细节。

你只要掌握一些小技巧，经过几本书的阅读应用，就会有感觉，再多看一些书籍，判断重点的技巧就会变得非常熟练。届时看书时能有非常流畅的体验。

具体的判断重点的方法，就是在阅读的时候注意以下内容：

1. 大小标题（章节标题）特别注意

我们阅读提升能力的书籍和专业书籍的目的是解决问题，寻求答案，其实每一个章节标题都是一个总结和问题，而接下来的正文就是标题的展开和答案。比如有一章的标题为：超级记忆法的特点。那一章围绕这个标题展开很多页，你看完这些内容后，或许这一章很多内容都忘记了，但是你找到了超级记忆法有哪些特点，这就达到了最基本的阅读目标。

带着章节标题去正文寻找答案会让你在阅读时注意力非常集中，所以我在阅读中，遇到比较重要的章节，我会对标题进行标注，甚至在后面加一个问号或者重点符号。

2. 反复出现的词语

文章当中反复出现的词语，也代表了这部分的重点。比如我们这节内容反复出现"提升能力的书籍和专业书籍，重点非重点"等词；又比如相关财务书籍中反复出现"资产综述、资产定义、资产形式"等词，那这一部分就是讲资产。

3. 注意正文中与正文不同的细节

提升能力的书籍和专业书籍中往往会使用粗体字、敏感字（定义、第一）、特殊符号（文字中出现数字）、图表等形式凸显重点（小说除了章标题是粗体字之外，正文的排版不会这么复杂，几乎都是同一号字体）。

提升能力的书籍和专业书籍这样编排，当然不是为了好看，而是让你在阅读的时候通过这些细节高效率地阅读。在课堂上我经常对学员说："如果你阅读书籍时不注意这些，那排版时就没有必要这么复杂，排版成像小说一样就行。不管你们以前是怎么阅读的，希望从今天开始你就注意这些细节，从而变成一个有技巧的阅读者。"

专栏 4　如何培养阅读兴趣，养成阅读习惯

在做亲子教育咨询中，很多父母说孩子不喜欢阅读，他们不知道如何培养孩子的阅读习惯，让孩子爱上看书。很多成年人其实也面临同样的问题，要解决这个问题我们可以试着从以下几个方面入手：

1. 阅读要有好的软件环境

软件环境就是你周围有没有阅读的氛围。大部分爱阅读的孩子，他们的父母也是爱阅读的。爱阅读的成年人周围的人也有爱阅读、爱学习的氛围。所以要给孩子营造亲子共读、读书交流的氛围，成年人要积极参加到各种读书团体中去。

2. 阅读要有好的硬件环境

硬件环境就是有专门的时间进行阅读。现在很多孩子每天都很忙，除了正常完成学习任务，还有各种兴趣班，每天时间排得满满当当，几乎没有阅读时间。成年人也面临着同样的情况。所以抽出固定时间阅读是必须的，比如洗漱完毕，睡觉前阅读 20 分钟左右。

家庭应尽量减少阅读的干扰物。有些家庭没有电视，平时在家也不能玩手机，家里能看到的就是书，那么孩子没有什么可以玩的，没事的时候自然会选择拿起书本阅读。

3. 培养阅读习惯要科学选书

在刚开始培养阅读习惯的时候，最好挑那些通俗易懂、写得很好，而且看完之后会有很大收获感的书来进行阅读。很多人一上来就阅读很生涩的书籍，这样只会造成很大的挫败感。

当一本书看完的时候收获满满，就容易产生愉悦感，大脑就会记住原来看书会产生这种状态，所以下一次身体还想要这种状态的时候，会找书看，以达到这种状态。

我经常跟学员说：其实看书和学习是会上瘾的，目前你没上瘾只是你还没体验到阅读和学习的乐趣。

（1）放松训练：按前面训练详解，进行3分钟的训练。

（2）眼睛热身训练：按前面训练详解A、B、C、D图，每个图一分钟，每训练完一个图，中间休息一分钟。

（3）增加眼睛视幅训练：按前面训练详解，进行3分钟增加视幅的训练。

（4）一分钟文章计时训练：按前面内容训练详解的要求，进行一分钟文章训练，一篇文章，反复训练，训练到一分钟能够看完为止（本节附训练文章）。

（5）回忆训练：按前面内容训练详解进行阅读之后的回忆训练，一篇文章训练直到达到60%的回忆率。

（6）书籍阅读训练：每天最少做10分钟，进行书籍阅读，要求每分钟达到1600~3200字（提升能力书籍）。

一分钟训练阅读材料

一个疯狂追星族的故事

6月14日是世界献血日，那天，当红的玉女歌手甜甜到医院献血献爱心，一时引来了数家媒体的争相报道，就在一大批粉丝被她的举动感动得热泪盈眶的时候，意想不到的事情发生了：第二天，甜甜的两张献血照片在网上发表后，有人就在照片上察觉了疑点，第一张照片是医生正往甜甜的右臂上扎针采血，第二张照片是她献完血后，在众人簇拥下走出采血室，照片中的她却用右手按压着左臂上的针孔，明明采血时扎的是右臂，怎么转眼之间成了左臂？这分明有假！现在假东西多了，可谁都想不到竟然会冒出个"假献血"的事件。

以甜甜的知名度，在网上她的名字就是点击率，尤其是这种负面新闻，更是如核爆炸一般迅速扩散。几个小时内，揭露甜甜假献血的帖子就被到处转载，引起了一片叫骂声。这一切，深深地激怒了一个人，他叫肖强。甜甜的绰号叫"少男杀手"，肖强就是被"杀"者之一，肖强是甜甜的铁杆崇拜者，网上管这种人叫"骨灰级粉丝"。

肖强是一个高中毕业生，学习不行，没有考上大学，在家待业。"假献血"事件一发生，肖强就意识到不眠不休的网战生活又要开始了。他给上班的父母留了张字条，说要去外地同学家玩几天，散散心，然后就锁上门离开了家。其实他没有走远，而是步行去了离家一公里的一家网吧，上网开始战斗。

肖强去最先张贴那个帖子的网站注册，发帖为甜甜辩护。他声称自己敢用脑袋担保，甜甜绝不是这种人，做不出这种事，里面一定有蹊跷，有误会，甚至有阴谋，照片是有人造了假。

夜里10点多，肖强再次用搜索引擎搜索，居然发现了一个新注册的QQ群，名字叫"甜甜假献血事件大批判联盟"，这还了得？他立即申请加入了这个QQ群，这个QQ群的群主QQ昵称叫"甜甜去死"，肖强一进群里就跟他扛上了，两人全戴上了耳机，通过麦克风对骂。

两人在网上骂得昏天黑地，骂着骂着，肖强骂累了，他摘下耳机，准备抽口烟，歇一会儿再进行战斗。

就在肖强摘下耳麦的瞬间，他惊讶地发现对面那个上网的家伙，正戴着耳机，对着麦克风骂得正欢："你的真名就叫肖强吗？怎么不敢放屁了？我就是要开群把甜甜批倒批臭，你能拿我怎么着？"

肖强朝这小子一打量，见他也是个小伙子，最多 20 岁。

肖强狠狠地瞪着他，缓缓地站起身，绕到了那人的背后，用力拍了一下他的肩膀，冷冷地问："你就是'甜甜去死'？"

小伙子住了口，慢慢摘下耳机，眼睛斜视着肖强，疑惑地说："你是……"

"对，我就是肖强。你出来一下。"肖强说完，转身就走出网吧，来到街口的一块空地上。

肖强在抽了半支烟后，那小伙子终于磨磨蹭蹭地出来了，就在这时，肖强二话不说，冲上前去，朝那小伙子狠狠抡了一拳，正打在对方的太阳穴上……

他挨了肖强这一拳，只是低沉地哼了一声，然后就像一根棍子一样，笔直地摔在地上，随即就不动弹了。

肖强哪知道自己闯祸了？他又上去踢了两脚，见那人仍不动，这才消了气，于是骂骂咧咧地回到网吧继续上网去了。

大约过了七八分钟的时间，肖强忽然看到几名警察进了网吧，他们向网吧老板打听着什么。

老板向肖强这边一指，警察们立刻围拢上来，不由分说给肖强戴上手铐，押了出去，推上了警车。

车子没有去派出所，而是直接去了分局刑警队。两名警察把肖强带进了审讯室，年老的警察询问，年轻的警察记录。肖强还没当回事，他竹筒倒豆子，把事情经过详细交代了一遍，末了，他说："好啦，叔叔，就这么回事，我可以回去了吧？我只打了他一下，最多罚点款，你们总不至于为这个就拘留我吧？现在网上还有很多污蔑甜甜的帖子，我还没忙完。"

老警察低沉地说了一句："你打的那个小伙子，死了。"

肖强只觉得眼前一黑，好久好久，他才回过神来，淌下了两行泪，喃喃地说道："我这个骨灰级的粉丝，这次，恐怕真的要变成骨灰了。"

与此同时，在省城一家大饭店的一个豪华包房里，歌手甜甜以及她的经纪人、签约公司的宣传和策划等一干人，正在开香槟庆贺，最高兴的是一个叫阿牙的人，因为他是甜甜第四张新专辑《甜甜 Four》的发行人。

阿牙笑逐颜开地说："真是太划算了，只用了两张照片，发了个帖子，就带来了几千万的点击率，几十万的评论，取得了巨大的宣传效果啊！哈哈……"

经纪人说："还有 40 多家电视台、报纸、广播也都主动参与这次的假献血事件了，这要是打广告，得多少钱？"

只有甜甜有些闷闷不乐，说："可是，看到网上那么多人骂我，真叫人难受。"

阿牙说："甜甜，没关系的，再忍受一夜，明天一早，我们就召开记者会，公布第三张照片，你左小臂采血的那张，告诉他们，你确实献血了，只不过第一张照片在右小臂上扎针，是为了先抽出点血来验血，真正抽血时，是扎的左小臂。"

阿牙的算盘打得不错，可新专辑《甜甜 Four》发行得一塌糊涂，因为粉丝们很快得知了真相……

（1943 字符，内容来自网络）

第五章
10 倍速阅读训练

本章内容主要是通过一些案例的讲解，将昨天的理论应用于专业书籍上，以及阅读时总结能力的训练。

10 倍速快速阅读
训练宝典

第一节
提升阅读效果的小技巧

本节内容首先给大家分享几个提升阅读效果的小技巧。如果你把这些技巧印在脑子里，在阅读时应用这些小技巧，你的阅读效果会得到立竿见影的提升。

1. 明确阅读目标

根据阅读目标调整不同的阅读方式。因为有目标才有方向，当目标模糊的时候，前进的方向就会消失。

拿到一本书准备阅读之前，一定要思考一下阅读这本书的目的：消遣，学习新的方法，还是考试背诵？阅读目标不一样，花的时间和精力就会不一样。明确阅读目标有助于帮助你更有针对性地调节阅读的状态。

2. 带着强烈的需求和动机阅读

很多伙伴感觉看书的时候没有状态，注意力也不集中。其中一个很重要的原因就是，阅读的动机不强烈。

很多成年人都有过这样的感觉，因为工作上难题攻关，需要阅读查阅一些专业书籍，面对这些枯燥生涩的书籍，你的动力依然十分强劲，哪怕研究到凌晨都没有睡意。这就是有着强烈的需求和动机。

提升阅读的方法之一就是在阅读之前要想一想这本书能带给自己什么帮助和好处。一个人行为产生的原因归根结底就是两个因素：好处和痛苦。当一件事好处越大的时候，它对行为的推动力就会越大。

所以在培养阅读习惯和提升阅读能力的初期，最好选择那些内容简单、轻松的书籍阅读。这类书阅读完之后有很大收获感和成就感。不要一上来就挑选那些很难、很生涩的专业书籍（当然如果你有钢铁超人一般的意志的话不在此列）。

3. 不动笔不读书

阅读提升能力的书和专业书时一定要准备一支笔，随时标注。你不一定要写读书心得或者笔记，哪怕简单地把重点标注一下，阅读效果也会明显好很多，因为动笔的时候，你的注意力会保持在标注的地方，从而促使你停下来产生思考。而且动笔标注了重点，就相当于把书本的重点和非重点分离，让思路清晰的同时也为后面的再次阅读节省了时间。

有些学员跟我反馈：他们非常爱惜书，看完之后跟新的一样。对于这种情况，我想你从这本书中得到的收获也不会好到哪里去，因为只用眼睛看书效果是很不理想的。讲到这里，你可以思考一下效果和保护书，你选择哪一个。

我经常说小技巧有大效果，希望通过本章内容的分享，大家能够在阅读中应用这些小技巧。刚开始没有养成习惯之前或许要刻意地花时间想一想，但是养成习惯后，这就会变成一种本能，从而在潜移默化中提升你的阅读效率。

第二节
判断重点和总结

在实际阅读中，阅读的速读、效果与很多因素有关。其中判断重点和总结能力是非常重要的因素。阅读中第一步是判断重点，第二步是快速作出总结。这两个因素会极大改善你的阅读效果。

下面通过一个阅读材料一段一段来分解训练判断重点和总结能力。

手指引导阅读法

手指引导阅读法是北京教育科学研究院教育学专家吕武平提出的一种有效的全脑速读技巧（详细可参见吕武平主编，中国民航出版社出版的《全脑速读记忆》一书）。对于没有任何速读经验的读者来说，掌握了手指引导阅读法可以"立竿见形"地提高阅读速度。

我国著名速读教育家顾建华教授曾在上千所中小学的示范中使用了手指引导阅读技巧，当场使被实验者的阅读速度提高60％~500％，而且阅读记忆率也得到不同程度的提高。手指引导阅读法具有简便、有效的特点。在尝试手指引导阅读的奇特效果之前，不妨检查一下自己的训练前后的效果差异。

注意，在使用下面的自测文章之前，请准备好计时的钟表、纸和笔。记录下你在接受手指引导阅读法训练之前的阅读速度和效率。在本章结束时你可以再次检查自己阅读速度和效率的水平。如果你是按照我们的要求那样训练的，那么你一定可以看到自己阅读速度神奇地"提高"。

在进行手指引导阅读训练之前，请先训练自己的注意力。注意力的集中训练是快速阅读的预备训练，在本章后面的线式阅读法、直式阅读法和面式阅读法训练前，也应当训练自己的注意力。

手指引导阅读的要诀

在练习快速阅读过程中，使用手指的引导可以帮助我们改掉一些"坏"习惯，如视线的回扫、读出声音等。手指引导阅读的基本方法很简单，那就是用手指指着你要阅读的材料，手指快速地移动，而你强迫自己的视线跟随手指移动。著名阅读教育专家程汉杰老师在总结手指引导阅读训练时提出，在手指引导阅读过程中，你的手指具有以下的功能（有关这方面的详细介绍可以参考程汉杰老师著，中国物资出版社出版的《超级全脑速读》一书）：

● 增进记忆理解

● 明心开智

● 带动眼球移动

● 牵引视觉

● 扫视新资讯

● 阻止视角后退

● 手指更快地移动

同时，程汉杰老师还指出手指引导阅读的要诀：

A. 移动您的手指，横过文章的一行，确定您的眼球跟着您的手指移动，以您理解的速度，从左至右持续扫描文章的内容。

B. 当您到达一行的末端时，便将手指移至下一行的开始，大多数人用左手引导他们的眼睛，右手则用来翻页。若您发现使用左手并不舒服，您可使用右手引导眼睛。

C. 您的眼睛在跟随手指移动时，能舒服地集中在这三个动作：

（1）在手的左边

（2）在手的右边

（3）在手的上面

D. 试验并找出您最舒服的位置。

E. 读到困难的字中片语时要减慢速度。

F. 不准让您的眼睛重复阅读任何遗漏的字或片语。

（内容摘自吕武平著《全脑速读记忆》）

我们看上面案例的内容，先看第一段。如果看得仔细里面会有很多信息：北京教育科学研究院教育学院、吕武平、中国民航出版社、《全脑速读记忆》一书。如果要记住这些信息，那既花时间又会增加大脑记忆负担。那就要评估，你看这本书的目的是什么。是为了记下哪里的哪位老师发明了什么，什么出版社为他出了什么书吗？还是希望通过这一节内容学到有用的方法和训练技巧。这本提升能力的书共 300 多页，字数 18 万上下。你觉得这 18 万字的信息都是你需要记下来的吗？

当看到第一段时，应该先快速做出一个简单粗略的判断。这一段内容是不是重点，或者有没有重点。如果不是重点，请你在大脑里简单地对第一段做一个总结。

我一看到第一段就立马判断不是重点，但是如果我第一次看这本书我会把这句话画下来：手指引导阅读法可以"立竿见形"地提高阅读速度。因为如果没有这一句话，我可能不会重视这一章的内容。但是这一句话会让我对这一章产生积极的兴趣，会非常认真地对待这一部分的内容。这样做的好处就是激发我们的阅读兴趣。然后我的大脑会迅速做一个总结：一个人发明了一个手指引导阅读法，很有效。或者上课时我会跟学员开玩笑地说，这一段很简单就是：广告。

按上面的方法分解完第一段，再快速扫一下第二段，同样先判断是不是重点，然后概括大概讲了什么（我的观点：不是重点，还是广告）。

接下来每一段都是相似的操作：先判断有没有重点，如果有重点，找到之后用笔标注，并停下来思考理解这个重点，精加工；若没有重点就快速读过。

训练完一段之后再训练下一段，直至两页内容结束。后面我会给出我的判断，作为给你的一个参考。再看我的参考之前，你先试着自己判断和总结。

我的参考：

手指引导阅读法

手指引导阅读法是北京教育科学研究院教育学专家吕武平提出的一种有效的全脑速读技巧（详细可参见吕武平主编，中国民航出版社出版的《全脑速读记忆》一书）。对于没有任何速读经验的读者来说，掌握了手指引导阅读法可以"立竿见影"地提高阅读速度。

我国著名速读教育家顾建华教授曾在上千所中小学的示范中使用了手指引导阅读技巧，当场使被实验者的阅读速度提高60%~500%，而且阅读记忆率也得到不同程度的提高。手指引导阅读法具有简便、有效的特点。在尝试手指引导阅读的奇特效果之前，不妨检查一下自己的训练前后的效果差异。

注意，在使用下面的自测文章之前，请准备好计时的钟表、纸和笔。记录下你在接受手指引导阅读法训练之前的阅读速度和效率。在本章结束时你可以再次检查自己阅读速度和效率的水平。如果你是按照我们的要求那样训练的，那么你一定可以看到自己阅读速度神奇地"提高"。

在进行手指引导阅读训练之前，请先训练自己的注意力。注意力的集中训练是快速阅读的预备训练，在本章后面的线式阅读法、直式阅读法和面式阅读法训练前，也应当训练自己的注意力。

手指弓引导阅读的要诀

在练习快速阅读过程中，使用手指的引导可以括助我们改掉一些"坏"习惯，如视线的回扫、读出声音等。手指引导阅读的基本方法很简单，那就是用手指指着你要阅读的材料，手指快速地移动，而你强迫自己的视线跟随手指移动。著名阅读教育专家程汉杰老师在总结手指引导阅读训练时提出，在手指引导阅读过程中，你的手指具有以下的功能（有关这方面的详细介绍可以参考程汉杰老师著，中国物资出版社出版的《超级全脑速读》一书）：

● 增进记忆理解

● 明心开智

● 带动眼球移动

● 牵引视觉

● 扫视新资讯

● 阻止视角后退

● 手指更快地移动

同时，程汉杰老师还指出手指引导阅读的要诀：

A. 移动您的手指，横过文章的一行，确定您的眼球跟着您的手移动，以您理解的速度，从左至右持续扫描文章的内容。

B. 当您到达一行的末端时，便将手指移至下一行的开始，大多数人用左手引导他们的眼睛，右手则用来翻页。若您发现使用左手并不舒服，你可使用右手引导眼睛。

C. 您的眼睛在跟随手移动时，能舒服地集中在这三个动作：

（1）在手的左边

（2）在手的右边

（3）在手的上面

D. 试验并找出您最舒服的位置。

E. 读到困难的字中片语时要减慢速度。

F. 不准让您的眼睛重复阅读任何遗漏的字或片语。

（内容摘自吕武平《全脑速读记忆》）

第三节
快速阅读在专业书籍上的应用

大部分人看专业书籍的目的是准备考试，因为无论文科、理科都有大量知识点需要阅读，甚至记忆。

让我们通过两个具体专业的知识点的案例讲解，来学习快速阅读在专业书籍上的应用。虽然或许这不是你的专业，但是根本的方法是一样的，你可以从这个案例中得到启发。

案例一：法律专业知识点（来自学员提供）

律师可以从事下列业务

（一）接受自然人、法人或者其他组织的委托，担任法律顾问；

（二）接受民事案件、行政案件当事人的委托，担任代理人，参加诉讼；

（三）接受刑事案件犯罪嫌疑人的委托，为其提供法律咨询，代理申诉、控告，为被逮捕的犯罪嫌疑人申请取保候审，接受犯罪嫌疑人、被告人的委托或者人民法院的指定，担任辩护人，接受自诉案件自诉人、公诉案件被害人或者其近亲属的委托，担任代理人，参加诉讼；

（四）接受委托，代理各类诉讼案件的申诉；

（五）接受委托，参加调解、仲裁活动；

（六）接受委托，提供非诉讼法律服务；

（七）解答有关法律的询问、代写诉讼文书和有关法律事务的其他文书。

案例二：医学专业知识点（来自学员提供）

儿科学的范围和任务

儿科学属临床医学的二级学科，其研究对象是自胎儿至青春期的儿童，研究内容可以分为以下四个方面：

1.研究儿童生长发育的规律及其影响因素，不断提高儿童体格、智力发育水平和社会适应性能力。

2.研究儿童各种疾病的发生、发展规律以及临床诊断和治疗的理论和技术，不断降低疾病的发生率和死亡率，提高疾病的治愈率。

3.研究各种疾病的预防措施，包括免疫接种、先天性遗传性疾病的筛查、科学知识普及教育等，这是现代儿科学最具有发展潜力的内容，将会占据越来越重要的地位。

4.研究儿童中各种疾病的康复可能性以及具体方法，尽可能地帮助这些儿童提高他们的生活质量乃至完全恢复健康。

以上研究内容归结而言就是儿科学的宗旨：保障儿童健康，提高生命质量。

很多阅读者看到这样的内容，第一个感觉就是：都是重点。

于是，他们从这个知识点的第一句念到最后一句，念3~5遍大脑依然一片空白。这是因为虽然嘴巴在念，但是信息并没有进入脑子里面。

这些知识点是不是可以再进行压缩呢？一定是可以的。宏观的一本书有重点、非重点之分，围观一章节的内容中，一页的内容中，一句话都有重点和非重点之分。

现在让我们来看看用科学的阅读方式怎么进行重点区分（因为文字表述的局限，实际中操作会根据实际情况作出调整）。

案例一：法律专业知识点（来自学员提供）

第二十五条　律师可以从事下列业务

（一）接受自然人、法人或者其他组织的委托，担任法律顾问；

（二）接受民事案件、行政案件当事人的委托，担任代理人，参加诉讼；

（三）接受刑事案件犯罪嫌疑人的委托，为其提供法律咨询，代理申诉、控告，为被逮捕的犯罪嫌疑人申请取保候审，接受犯罪嫌疑人、被告人的委托或者人民法院的指定，担任辩护人，接受自诉案件自诉人、公诉案件被害人或者其近亲属的委托，担任代理人，参加诉讼；

（四）接受委托，代理各类诉讼案件的申诉；

（五）接受委托，参加调解、仲裁活动；

（六）接受委托，提供非诉讼法律服务；

（七）解答有关法律的询问、代写诉讼文书和有关法律事务的其他文书。

案例二：医学专业知识点（来自学员提供）

第一节　儿科学的范围和任务

儿科学属临床医学的二级学科，其研究对象是自胎儿至青春期的儿童，研究内容可以分为以下四个方面：

1.研究儿童生长发育的规律及其影响因素，不断提高儿童体格、智力发育水平和社会适应性能力。

2.研究儿童各种疾病的发生、发展规律以及临床诊断和治疗的理论和技术，不断降低疾病的发生率和死亡率，提高疾病的治愈率。

3.研究各种疾病的预防措施，包括免疫接种、先天性遗传性疾病的筛查、科学知识普及教育等，这是现代儿科学最具有发展潜力的内容，将会占据越来越重要的地位。

4.研究儿童中各种疾病的康复可能性以及具体方法，尽可能地帮助这些儿童提高他们的生活质量乃至完全恢复健康。

以上研究内容归结而言就是儿科学的宗旨：保障儿童健康，提高生命质量。

这样标注重点，科学之处在于：压缩了记忆量（有一些可以用理解的方式记忆），让你背诵起来更轻松。而且你压缩的时候在思考，知识点的结构也出来了，不会像以前一样机械念了3~5遍，大脑还是一片空白。

特别说明：这种对知识点的再压缩，不仅能减少背诵容量，提升背诵速度。还能矫正很多学生做作业、考试时不仔细审题的问题。

通过第四天和第五天的理论和案例讲解，大家有时间可以把这两天的内容及时进行实际应用。

专栏5 一分钟阅读一万字、十万字是真的吗

随着大语文时代的到来，快速阅读越来越火爆，各种速读门派也是林林总总。现在有一类速读门派宣扬一分钟阅读一万字、十万字。甚至有些把快速阅读与蒙眼识字，耳朵听字等特异功能挂上钩，让很多人云里雾里，摸不到门道。

我个人觉得这类宣传是对速读的极端夸大和扭曲。从迷目相信到重新认识这个过程我就曾经走过。

现在在我看来，一分钟阅读一万字、十万字更多的是广告和噱头，这是因为：

❶ 为了经济利益：我曾经做过民办培训机构的执行校长，民办培训机构一项很重要的工作就是招生，招生工作贯穿全年。为了产生更多的经济效益，就必须不断开设新的课程以吸引新生报名和老生转化。而且课程越有噱头越容易抓住眼球，吸引家长的注意力，让家长产生报名的动力。

❷ 实用性差：这种阅读方式基本不能应用于实际，小说等消遣类的书籍用这种方式扫几眼或许还能看到只言片语。但是如果学科类或者稍微难一些书籍，这种方式肯定是不行的。因为学科类的书籍，比如一个难的公式、定理、词条。拆开来每个字都能认识，但是放在一起表达一个完整的专业知识点并不一定可以记得很准确。我们学习专业知识更多的是要花时间去理解、背诵、计算。而不是读一遍就去考试，慢慢一个字一个字念一遍都不行，何况这么快的速度。

❸ 缺少权威的检验：这种速度基本只存在培训机构的自我宣传中，很难能被权威机构验证，也缺少公信力。我经常开玩笑地说，如果有用早就上了中央电视台等权威媒体的新闻了，或者被科学研究院的教授研究了。但是现在恰恰相反，被权威媒体曝光的基本上都是没有相应办学资质，或许虚假宣传的培训机构。

讲到这里，我相信大家了解了我对这类速读的态度。或许我的认识也不一定正确，只是希望通过从我的角度认识快速阅读，至少不会偏听偏信。

在课堂上我给我的学员的建议是：或许一分钟阅读一万字、十万字并且达到过目不忘是你的终极目标，但是一般人很难达到。我建议你先通过训练达到我的这种能力，虽然不能让你一步登天，但是至少你比没有参加过训练的人阅读速度提升了 3~5 倍，这已经足够你用了。达到我的目标之后你再去实现那个终极目标。很多人眼睛只盯着那个虚无缥缈的终极目标，但多年过去了阅读能力却依然在原地踏步。

第四节
训练流程

（1）放松训练：按前面训练详解，进行3分钟的训练。

（2）眼睛热身训练：按前面训练详解A、B、C、D图，每个图一分钟，每训练完一个图，中间休息一分钟。

（3）增加眼睛视幅训练：按前面训练详解，进行3分钟增加视幅的训练

（4）一分钟文章计时训练：按前面内容训练详解的要求，进行一分钟文章训练，一篇文章，反复训练，训练到一分钟能够看完为止（本节附训练文章）。

（5）回忆训练：按前面内容训练详解进行阅读之后的回忆训练，一篇文章训练直到达到60%的回忆率。

（6）书籍阅读训练：每天最少做10分钟，进行书籍阅读，要求每分钟达到1600~3200字（提升能力书籍或专业书籍）。

一分钟训练阅读材料
鹿头的秘密

姐姐不见了，我急得到处找，竹林里、小溪边、草坪上……所有我能想到的地方找遍了，也没能找到姐姐。

回到家，母亲在默默地流眼泪，父亲的眼圈也红红的，看到这一切，我的心"咯噔"一下，有种不好的预感。

"姐姐，姐姐去哪儿了？"

母亲听了我的话，忍不住大哭起来，眼泪吧嗒吧嗒掉在地上。

父亲看向我，眼里盛满悲哀："孩子，你已经长大，马上就要接替鹿王的位置，有些事情也是时候告诉你了。为了让鹿群能够生存下去，我们鹿族与狮王约定，每年进贡两头鹿，今年轮到了我们家……"

没过多久，父亲病倒了，他把我叫到床边，让我扶他到一个悬挂的鹿角下面。

我从来没见过这样锋利巨大的鹿角，虽然我的头上也有一对角，但却很小很柔软，与它有着天壤之别。

"吉尔，这是我们的祖先。"父亲指着鹿角，神情凝重的叮嘱道，"我快不行了，鹿王的位置传给你。但是，在此之前，你要在祖先面前宣誓，一定要忍辱负重，尽自己所能让鹿族更加壮大。"

宣誓后，我成为新一代鹿王。而父亲则因耗尽了所有精力，离我而去。

翻看狮子与鹿群签订的合约时，有一条我怎么都不明白，就是不能把那个鹿角戴到头上。为什么呢？谁会把那个奇怪的鹿角戴到头上？我实在不懂。去问母亲，她也不懂，只说这是一代代传下来的。

第一次向狮王进贡时，我很痛苦。可按照鹿族规定，每家轮流出贡品，大家都没有异议。牺牲两头鹿，换整个鹿族的安定和平，这个代价显得微不足道。

当鹿王的第三年，在我看到贡品时，心里那块陈旧的伤疤被猛地撕裂了。那个贡品是我最喜爱的那头母鹿，看到她视死如归的样子，我仿佛又看到了姐姐。往日的痛苦加上现在的痛苦，我感觉心在滴血。

突然，我的脑海中浮现出那对鹿角，它们变成了闪着寒光的利器。"戴上它，戴上它！"一个声音在我心里呐喊。

我不顾一切地冲进房间，把那个硕大的鹿角戴在头上。一阵电流穿过身体，一瞬间，我觉得自己好像多了百倍的力量。走到屋外，我用那对大角撞向一棵树，粗壮的树干瞬间折成了两段。鹿群中的鹿都震惊地盯着我，不明白到底发生了什么。

到了狮王使臣取贡品的那天，我轻蔑地对使臣狮子说："回去告诉狮王，从今天起，我们鹿族再也不会给你们进贡了。"

两头狮子被激怒了，向我扑来。鹿群发出惊叫，乱作一团。

我轻巧地避开两头狮子，一转身向其中一只狮子冲过去，用鹿角对着他的前脚一挑，狮子怒吼一声，脚上血流如注。另一只狮子被这突如其来的变化吓呆了。

鹿群爆发出欢呼声，他们围着我兴高采烈地跳跃着。

几天后，狮王发来黑色通牒，令人奇怪的是，他只是警告我做了件大错特错的事，而这将把鹿族带到灭亡的边缘。狮王的话吓不倒我，难道把自己的亲人给他当盘中餐，就是生存之道？

半年后，我惊喜地发现，鹿群原来的柔软小角开始变成坚硬的大鹿角，这下我们的战斗力就更强了。

和平的日子没过多久，一天，当我带领鹿群在水边悠闲散步时，突然敏锐地闻到空气中的陌生味道，一个我从未见过的动物趴在河对面的大树后，手里端着一根黑漆漆的棍子指向我。

"砰"的一声，旁边的一块石头被击得粉碎，一股呛鼻的浓烟冒了出来，飞溅的碎石打得我生疼。我惊出一身冷汗，撒腿向森林奔去，等跑进山洞，才发现腿上有血迹。原来，有碎石扎进了我的腿里。

什么东西威力这么强，能把坚硬的石头击得粉碎？还没等我弄明白，那"砰"声便在我的领地不断响起，接二连三开始有鹿失踪。

鹿群陷入恐慌。作为鹿王的我发出警告，让大家隐蔽起来小心行事，可还是不断有鹿失踪。

我想到了狮王的警告，难道他知道什么？不行，我要找狮王问清楚。

"终于把你等来了。"狮王看着我说，"你知不知道你给鹿族、给森林带来了多大的灾难？"

"鹿有着巨大锋利的鹿角，这让他们即使在和狮子的争斗中，也毫不逊色。但人这种外来动物为了得到鹿角，用尽一切残忍的办法对鹿进行捕杀。本来强大的鹿族在人的疯狂捕杀下几乎绝迹。

"为了使人停止对鹿的残杀，鹿王请求森林巫师用咒语让鹿不再长角。巫师同意了鹿王的请求，并告诉鹿王只要他把自己的角悬挂起来，所有鹿的角就会变成柔软的小角。另外，巫师还告诫鹿王，如果鹿王的后代戴上这个鹿角，咒语便会解除，鹿群也会重新长出硕大的角。"

"原来是这样。"我才意识到自己做了件多么愚蠢的事，"怎么才能让咒语再次生效？"我连忙问。

"很简单，只要你把鹿角重新悬挂在原来的位置上就行了。希望你快点决定。因为人的到来，不光是鹿族要遭殃，整个森林也将会遭殃。"临走时，狮王语重心长地对我说。

硕大的鹿角重新被挂了起来，鹿群头上尖锐的鹿角也很快变成了柔软的小角。

没有人类的偷猎了，鹿群得到了保全，而狮王在我放弃鹿角后，也主动派来使臣，免除了鹿群每年的贡品。

（1894 字符，内容来自网络）

第六章
10 倍速阅读训练

从第六天开始，进入十天训练的第二阶段，这个阶段的训练会让大家的阅读速度进一步得到提升，当然有些基础的训练方法会和前面五天有区别。

10 倍速快速阅读
训练宝典

第一节
竖直训练

　　训练流程的第三个环节，我们要由上一阶段的增加眼睛视幅训练改成竖直训练（快速浏览训练）。其目的是训练眼睛快速浏览过程中捕捉重点的能力。在练的过程中，眼睛不要停顿，竖直浏览每个词，体验眼睛扫过文字的感觉。

　　还可以让同伴辅助训练：让同伴从每一页选出一个词，用竖直看的方法，很快找到这个重点词汇（如果是有同伴辅助训练：每一页分开训练，训练完4个字的，再训练5个字的，每一页找 2~3 个词，一个词一个词训练）。

4 个字训练

一目十行	持之以恒	一清二楚	有条不紊	津津有味
水滴石穿	井井有条	废寝忘食	滔滔不绝	字斟句酌
囫囵吞枣	积少成多	取长补短	生吞活剥	生搬硬套
死记硬背	断章取义	望文生义	不得要领	不求甚解
不知所以	一知半解	一曝十寒	浅尝辄止	浮光掠影
十全十美	十字街头	七上八下	刁钻古怪	力不从心
人云亦云	力透纸背	人心向背	力挽狂澜	了如指掌
九死一生	人尽其才	入木三分	亡羊补牢	门户之见
发奋攻关	勤奋学习	刻苦钻研	专心致志	聚精会神
运用自如	豁然开朗	滚瓜烂熟	学以致用	一心一意
深思熟虑	仔细琢磨	精雕细刻	苦思冥想	有始有终

义正词严	年丰人寿	九霄云外	三心二意	于今为烈
万马齐喑	三教九流	才疏志大	与众不同	大书特书
山水相连	小巧玲珑	马革裹尸	小题大作	千辛万苦
川流不息	乞告哀怜	千真万确	斗志昂扬	心宽体胖
丰功伟绩	计日程功	认贼作父	专心致志	开宗明义
不三不四	无可奈何	天经地义	仁至义尽	只言片语

5个字训练

一位小姑娘	楼台接楼台	一个螺丝壳	会走不用腿
身穿花衣裳	层层撂起来	桌上来回梭	过河没得水
百花见亲友	上面白雾起	扬起木巴扇	战事分高低
春天探亲忙	下面红花开	打得不落脚	胜败在人为
小小诸葛亮	两人对面看	三角四楞长	兄弟共五个
独坐中军帐	相貌都一般	珍珠里面藏	各走各的门
摆起八卦阵	一个会说话	要吃珍珠肉	谁要走错门
专捉飞天将	一个不发言	解带扒衣裳	真是笑死人
一个小罐罐	中间太阳红	本是豆中生	两井一样深
装满糯米饭	旁边刮大风	又在水里长	模样很对称
不吃糯米饭	高山岭背上	面积簸箕大	把腿探下去
专吃小罐罐	黑熊斗红熊	分量没四两	正好齐腰深
我不嫌你老	两只小口袋	有风身不动	打开似弦月
你不嫌我小	天天随身带	一动就生风	牧拢兜里装
剪刀来做媒	要是少一个	只怕秋风起	来时荷花开
一世同到老	就把人笑坏	凄凉入冷宫	去时菊花放
有个小东西	虎口粗个眼	本来一大片	头上亮光光

6个字训练

清水池中淋浴	不用再往回拉	惊起一滩欧鹭
容纳万水千山	又黑又圆又亮	吃进麦穗一堆
胸怀五湖四海	没有嘴巴会喝	洒下金雨一片
藏下中外名城	风刚唱完一曲	粮食囤满如山
浑身绚丽色彩	扭过头来又唱	它却不知疲倦
一匹七彩绸缎	一个小小工匠	一年四季两用
弯弯高挂天边	不用砖泥造房	夏天给人生风
雨前雨后出现	房子不留门窗	冬季给人生火
手抱住你的颈	生在深山幽谷	上有无底无坑
脚搂住你的腰	与松与梅好友	下有三口分清
雷公轰轰一响	劈成千条万缕	内有东风破阵
我自一身清白	一个黑脸包公	四角方方一块
遇见对头黑脸	办案刚直方正	画上乌乌一片
聪明才智费尽	开堂铁面无情	白拢弯弯一走
落个粉身碎骨	断案黑白分明	脚印人人看见
心中甜蜜芳香	远看青龙利爪	细竹编成极薄
身上洁白如玉	近看黑虎尖牙	肚里文章十足

7个字训练

钱遮眼睛会发昏	为人正直为国忠	花儿初放在春天
官迷心窍能作恶	为国为民献青春	人的风华在少年
投一石激千层浪	要求自己要严格	鱼儿活着要靠水
牵一发而动全身	莫嫌父母教训多	瓜儿生长要靠秧
春耕不好误一年	袒护缺点害自己	中国人民得解放

儿时不教误一生　　　小错不改铸大错　　　全靠中国共产党
人民是面是非镜　　　宁肯冲锋一步死　　　知识好比长青树
照照便知是什么　　　绝不后退半步生　　　辛勤浇灌果才甜
长江后浪推前浪　　　少年学习记得深　　　刀儿不磨要生锈
世上后人超前人　　　好比石上刻道印　　　人儿不学要落后
继承先辈好传统　　　平日下得苦功夫　　　学得本领莫骄傲
草望甘露树望春　　　书儿百遍不嫌多　　　肯问人者才聪明
早望太阳夜望灯　　　遍遍都有新收获　　　不懂装懂最愚蠢
母望儿郎有大志　　　知识越积越精深　　　打破砂锅问到底
民望祖国快强盛　　　脑子越用越灵活　　　当求真时必求真
宁作笔直折断剑　　　一寸光阴一寸金　　　忠于诺言是好人
不作弯腰屈存钩　　　寸金难买寸光阴　　　不讲信用是坏人

8个字训练

自觉心是进步之母　　　天下兴亡匹夫有责
真理是智慧的太阳　　　任何改正都是进步
知识是人类的阶梯　　　学习速读永远不晚
路在人走事在人为　　　笑口常开幸福永在
患难与人即是学问　　　逢山开路遇水架桥
居心要宽持身要严　　　人尽其才悉用共力
人各有能因艺受任　　　与人方便自己方便
知识经济信息时代　　　曼谷亚运会夺金牌
绳锯木断水滴石穿　　　未尝艰苦不知甘甜
好学不倦必成天才　　　挚友好比异体同心
坚强的人才会谦虚　　　以俭立名以侈自败

做人生之路开拓者　　悲观是人生的劲敌

不要醉心放任自流　　保持诚实人的立场

嫉妒是心灵的肿瘤　　不让虚伪掩盖美德

骄傲多半基于无知　　知识犹如人体血液

学之乃知不问不识　　兼容并蓄融会贯通

一着不慎满盘皆输　　多鸣之猫捕鼠必少

9 个字训练

为中华之崛起而读书　　心灵能将一切都放大

急性子吃不得热豆腐　　一万年太久只争朝夕

麦当劳餐厅节日酬宾　　老百姓爱看焦点访谈

过度的饮食有伤胃口　　酒精使肝脏痛苦不堪

爱俭朴限制了占有欲　　书籍是当代真正大学

诗贵有贪蓄不尽之意　　人人为公则天下大乱

书籍是一种巨大力量　　实践是检验真理标准

意大利足球甲级联赛　　滴水穿石非一日之功

美是自然的一种作品　　人所具有的我都具有

太阳底下藏不住秘密　　君子慎其言而敏其行

心常用则活不用则窒　　机会是注意力的产物

不要丢掉自己的胆魄　　学而时习之不亦说乎

学问者老年之粮食也　　朴素是美的必要条件

怠惰是贫穷的制造厂　　书是人类进步的阶梯

贪欲是一切罪恶之源　　真人面前说不得假话

第二节
一分钟 3200~4800 字的阅读方法

第一阶段我们的阅读速度是平均一分钟 1600~3200 字，这样的阅读速度 200~300 页的书籍，可以在 2~3 个小时阅读完。如果我们想在更短的时间（60 分钟，甚至 40 分钟）内浏览完一本书，而且能找到重点，有阅读收获，那就需要再提升阅读速度。

1. 一分钟 3200~4800 字阅读的作用

（1）突破极限训练，回到 1 分钟 1600~3200 字更轻松：有些训练者第一阶段练习了很长时间都达不到 1 分钟 1600~3200 字，但是坚持这种极限式训练或许很容易达到第一阶段的训练目标。

（2）更快地发现重点：当我们要短时间阅读大量书籍的时候，我们可以用这种能力在更短时间找到一本书的重点，然后停下来对这些重点做消化处理。（这么快不是为了读懂，而是为了更快筛选出重点。）

从第六天开始，进入十天训练的第二阶段，这个阶段训练大家将阅读速度进一步提升，有些基础的训练方法和前面五天会有区别。

2. 一分钟 3200~4800 字的用眼方式

用第一阶段的用眼方式，我们阅读的速度很难一分钟超过 3200 字，如果我们想一分钟看得更快，只能再加大眼睛视幅，阅读时眼睛瞬间感知更多的文字。

一分钟浏览阅读完 3200~4800 字的用眼方式有以下几种，这几种用眼方式中第一和第二种是最常用的，训练者要特别关注。后面几种方式用的人不多，了解一下就行。

视线运动方式一：大 Z

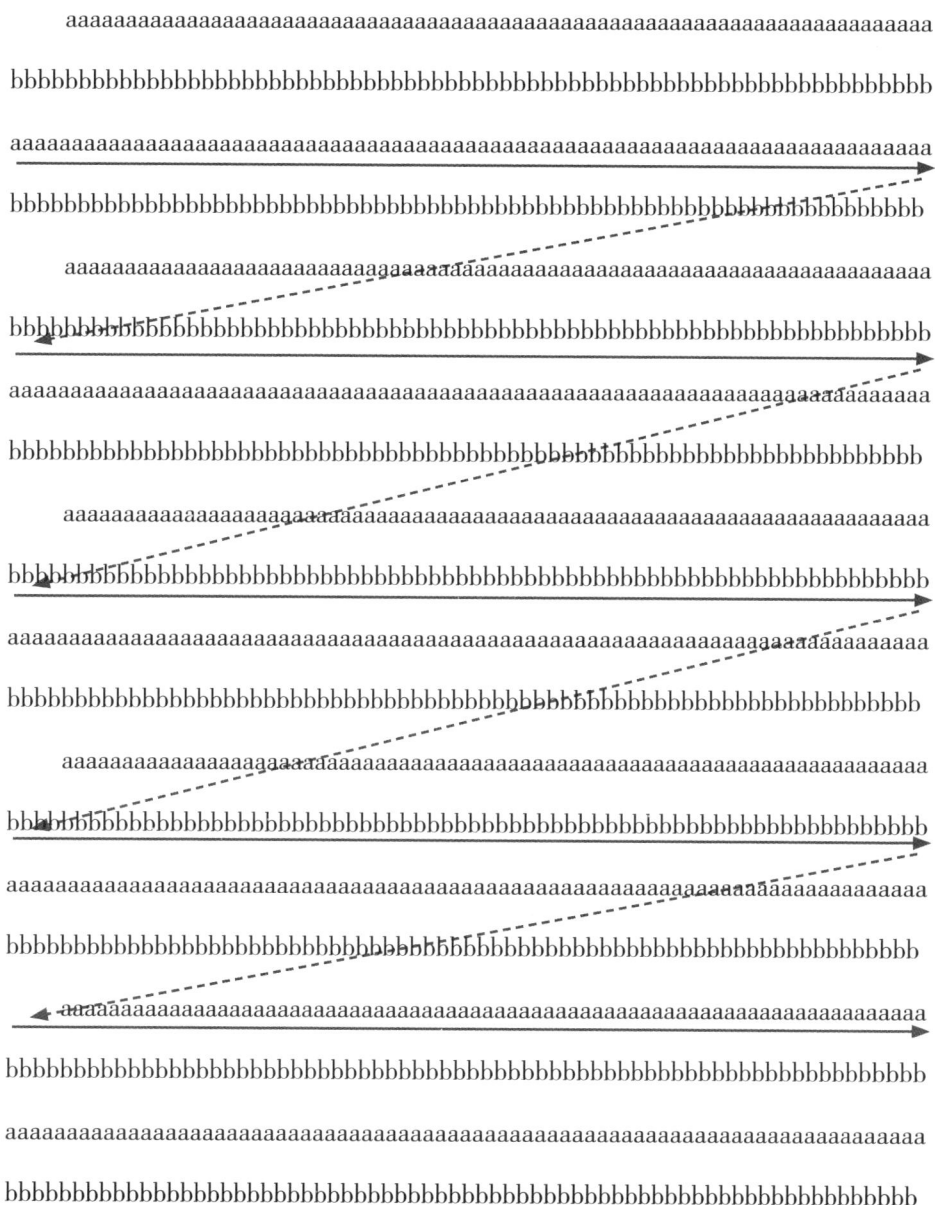

aaaaaaaaaaaaaaaaaaaaaaaaaaaaaaaaaaaaaaaaaaaaaaaaaaaaaaaaaaaaaaaaaaaaa
bbbbbbbbbbbbbbbbbbbbbbbbbbbbbbbbbbbbbbbbbbbbbbbbbbbbbbbbbbbbbbbbbbbbbbb
aaaaaaaaaaaaaaaaaaaaaaaaaaaaaaaaaaaaaaaaaaaaaaaaaaaaaaaaaaaaaaaaaaaaa
bbbbbbbbbbbbbbbbbbbbbbbbbbbbbbbbbbbbbbbbbbbbbbbbbbbbbbbbbbbbbbbbbbbbbbb
aaaaaaaaaaaaaaaaaaaaaaaaaaaaaaaaaaaaaaaaaaaaaaaaaaaaaaaaaaaaaaaaaaaaa
bbbbbbbbbbbbbbbbbbbbbbbbbbbbbbbbbbbbbbbbbbbbbbbbbbbbbbbbbbbbbbbbbbbbbbb
aaaaaaaaaaaaaaaaaaaaaaaaaaaaaaaaaaaaaaaaaaaaaaaaaaaaaaaaaaaaaaaaaaaaa
bbbbbbbbbbbbbbbbbbbbbbbbbbbbbbbbbbbbbbbbbbbbbbbbbbbbbbbbbbbbbbbbbbbbbbb
aaaaaaaaaaaaaaaaaaaaaaaaaaaaaaaaaaaaaaaaaaaaaaaaaaaaaaaaaaaaaaaaaaaaa
bbbbbbbbbbbbbbbbbbbbbbbbbbbbbbbbbbbbbbbbbbbbbbbbbbbbbbbbbbbbbbbbbbbbbbb
aaaaaaaaaaaaaaaaaaaaaaaaaaaaaaaaaaaaaaaaaaaaaaaaaaaaaaaaaaaaaaaaaaaaa
bbbbbbbbbbbbbbbbbbbbbbbbbbbbbbbbbbbbbbbbbbbbbbbbbbbbbbbbbbbbbbbbbbbbbbb
aaaaaaaaaaaaaaaaaaaaaaaaaaaaaaaaaaaaaaaaaaaaaaaaaaaaaaaaaaaaaaaaaaaaa
bbbbbbbbbbbbbbbbbbbbbbbbbbbbbbbbbbbbbbbbbbbbbbbbbbbbbbbbbbbbbbbbbbbbbbb
aaaaaaaaaaaaaaaaaaaaaaaaaaaaaaaaaaaaaaaaaaaaaaaaaaaaaaaaaaaaaaaaaaaaa
bbbbbbbbbbbbbbbbbbbbbbbbbbbbbbbbbbbbbbbbbbbbbbbbbbbbbbbbbbbbbbbbbbbbbbb
aaaaaaaaaaaaaaaaaaaaaaaaaaaaaaaaaaaaaaaaaaaaaaaaaaaaaaaaaaaaaaaaaaaaa
bbbbbbbbbbbbbbbbbbbbbbbbbbbbbbbbbbbbbbbbbbbbbbbbbbbbbbbbbbbbbbbbbbbbbbb
aaaaaaaaaaaaaaaaaaaaaaaaaaaaaaaaaaaaaaaaaaaaaaaaaaaaaaaaaaaaaaaaaaaaa
bbbbbbbbbbbbbbbbbbbbbbbbbbbbbbbbbbbbbbbbbbbbbbbbbbbbbbbbbbbbbbbbbbbbbbb
aaaaaaaaaaaaaaaaaaaaaaaaaaaaaaaaaaaaaaaaaaaaaaaaaaaaaaaaaaaaaaaaaaaaa
bbbbbbbbbbbbbbbbbbbbbbbbbbbbbbbbbbbbbbbbbbbbbbbbbbbbbbbbbbbbbbbbbbbbbbb

视线运动方式二：竖直

aaaaaaaaaaaaaaaaaaaaaaaaaaaaaaaaaaaaaaaaaaaaaaaaaaaaaaaaaaaaaaaaa

bbbbbbbbbbbbbbbbbbbbbbbbbbbbbbbbbbbbbbbbbbbbbbbbbbbbbbbbbbbbbbbbbbb

aaaaaaaaaaaaaaaaaaaaaaaaaaaaaaaaaaaaaaaaaaaaaaaaaaaaaaaaaaaaaaaaa

bbbbbbbbbbbbbbbbbbbbbbbbbbbbbbbbbbbbbbbbbbbbbbbbbbbbbbbbbbbbbbbbbbb

aaaaaaaaaaaaaaaaaaaaaaaaaaaaaaaaaaaaaaaaaaaaaaaaaaaaaaaaaaaaaaaaa

bbbbbbbbbbbbbbbbbbbbbbbbbbbbbbbbbbbbbbbbbbbbbbbbbbbbbbbbbbbbbbbbbbb

aaaaaaaaaaaaaaaaaaaaaaaaaaaaaaaaaaaaaaaaaaaaaaaaaaaaaaaaaaaaaaaaa

bbbbbbbbbbbbbbbbbbbbbbbbbbbbbbbbbbbbbbbbbbbbbbbbbbbbbbbbbbbbbbbbbbb

aaaaaaaaaaaaaaaaaaaaaaaaaaaaaaaaaaaaaaaaaaaaaaaaaaaaaaaaaaaaaaaaa

bbbbbbbbbbbbbbbbbbbbbbbbbbbbbbbbbbbbbbbbbbbbbbbbbbbbbbbbbbbbbbbbbbb

aaaaaaaaaaaaaaaaaaaaaaaaaaaaaaaaaaaaaaaaaaaaaaaaaaaaaaaaaaaaaaaaa

bbbbbbbbbbbbbbbbbbbbbbbbbbbbbbbbbbbbbbbbbbbbbbbbbbbbbbbbbbbbbbbbbbb

aaaaaaaaaaaaaaaaaaaaaaaaaaaaaaaaaaaaaaaaaaaaaaaaaaaaaaaaaaaaaaaaa

bbbbbbbbbbbbbbbbbbbbbbbbbbbbbbbbbbbbbbbbbbbbbbbbbbbbbbbbbbbbbbbbbbb

aaaaaaaaaaaaaaaaaaaaaaaaaaaaaaaaaaaaaaaaaaaaaaaaaaaaaaaaaaaaaaaaa

bbbbbbbbbbbbbbbbbbbbbbbbbbbbbbbbbbbbbbbbbbbbbbbbbbbbbbbbbbbbbbbbbbb

视线运动方式三：O形

aaaaaaaaaaaaaaaaaaaaaaaaaaaaaaaaaaaaaaaaaaaaaaaaaaaaaaaaaaaaaaaaaaaaaaa

bbbbbbbbbbbbbbbbbbbbbbbbbbbbbbbbbbbbbbbbbbbbbbbbbbbbbbbbbbbbbbbbbbbbbbb

aaaaaaaaaaaaaaaaaaaaaaaaaaaaaaaaaaaaaaaaaaaaaaaaaaaaaaaaaaaaaaaaaaaaaaa

bbbbbbbbbbbbbbbbbbbbbbbbbbbbbbbbbbbbbbbbbbbbbbbbbbbbbbbbbbbbbbbbbbbbbbb

aaaaaaaaaaaaaaaaaaaaaaaaaaaaaaaaaaaaaaaaaaaaaaaaaaaaaaaaaaaaaaaaaaaaaaa

bbbbbbbbbbbbbbbbbbbbbbbbbbbbbbbbbbbbbbbbbbbbbbbbbbbbbbbbbbbbbbbbbbbbbbb

aaaaaaaaaaaaaaaaaaaaaaaaaaaaaaaaaaaaaaaaaaaaaaaaaaaaaaaaaaaaaaaaaaaaaaa

bbbbbbbbbbbbbbbbbbbbbbbbbbbbbbbbbbbbbbbbbbbbbbbbbbbbbbbbbbbbbbbbbbbbbbb

aaaaaaaaaaaaaaaaaaaaaaaaaaaaaaaaaaaaaaaaaaaaaaaaaaaaaaaaaaaaaaaaaaaaaaa

bbbbbbbbbbbbbbbbbbbbbbbbbbbbbbbbbbbbbbbbbbbbbbbbbbbbbbbbbbbbbbbbbbbbbbb

aaaaaaaaaaaaaaaaaaaaaaaaaaaaaaaaaaaaaaaaaaaaaaaaaaaaaaaaaaaaaaaaaaaaaaa

bbbbbbbbbbbbbbbbbbbbbbbbbbbbbbbbbbbbbbbbbbbbbbbbbbbbbbbbbbbbbbbbbbbbbbb

aaaaaaaaaaaaaaaaaaaaaaaaaaaaaaaaaaaaaaaaaaaaaaaaaaaaaaaaaaaaaaaaaaaaaaa

bbbbbbbbbbbbbbbbbbbbbbbbbbbbbbbbbbbbbbbbbbbbbbbbbbbbbbbbbbbbbbbbbbbbbbb

aaaaaaaaaaaaaaaaaaaaaaaaaaaaaaaaaaaaaaaaaaaaaaaaaaaaaaaaaaaaaaaaaaaaaaa

bbbbbbbbbbbbbbbbbbbbbbbbbbbbbbbbbbbbbbbbbbbbbbbbbbbbbbbbbbbbbbbbbbbbbbb

视线运动方式四：V 形

aaaaaaaaaaaaaaaaaaaaaaaaaaaaaaaaaaaaaaaaaaaaaaaaaaaaaaaaaaaaaaaaaaa
bbbbbbbbbbbbbbbbbbbbbbbbbbbbbbbbbbbbbbbbbbbbbbbbbbbbbbbbbbbbbbbbbbb
aaaaaaaaaaaaaaaaaaaaaaaaaaaaaaaaaaaaaaaaaaaaaaaaaaaaaaaaaaaaaaaaaaa
bbbbbbbbbbbbbbbbbbbbbbbbbbbbbbbbbbbbbbbbbbbbbbbbbbbbbbbbbbbbbbbbbbb
aaaaaaaaaaaaaaaaaaaaaaaaaaaaaaaaaaaaaaaaaaaaaaaaaaaaaaaaaaaaaaaaaaa
bbbbbbbbbbbbbbbbbbbbbbbbbbbbbbbbbbbbbbbbbbbbbbbbbbbbbbbbbbbbbbbbbbb
aaaaaaaaaaaaaaaaaaaaaaaaaaaaaaaaaaaaaaaaaaaaaaaaaaaaaaaaaaaaaaaaaaa
bbbbbbbbbbbbbbbbbbbbbbbbbbbbbbbbbbbbbbbbbbbbbbbbbbbbbbbbbbbbbbbbbbb
aaaaaaaaaaaaaaaaaaaaaaaaaaaaaaaaaaaaaaaaaaaaaaaaaaaaaaaaaaaaaaaaaaa
bbbbbbbbbbbbbbbbbbbbbbbbbbbbbbbbbbbbbbbbbbbbbbbbbbbbbbbbbbbbbbbbbbb
aaaaaaaaaaaaaaaaaaaaaaaaaaaaaaaaaaaaaaaaaaaaaaaaaaaaaaaaaaaaaaaaaaa
bbbbbbbbbbbbbbbbbbbbbbbbbbbbbbbbbbbbbbbbbbbbbbbbbbbbbbbbbbbbbbbbbbb
aaaaaaaaaaaaaaaaaaaaaaaaaaaaaaaaaaaaaaaaaaaaaaaaaaaaaaaaaaaaaaaaaaa
bbbbbbbbbbbbbbbbbbbbbbbbbbbbbbbbbbbbbbbbbbbbbbbbbbbbbbbbbbbbbbbbbbb
aaaaaaaaaaaaaaaaaaaaaaaaaaaaaaaaaaaaaaaaaaaaaaaaaaaaaaaaaaaaaaaaaaa
bbbbbbbbbbbbbbbbbbbbbbbbbbbbbbbbbbbbbbbbbbbbbbbbbbbbbbbbbbbbbbbbbbb

视线运动方式五：W 形

aaaaaaaaaaaaaaaaaaaaaaaaaaaaaaaaaaaaaaaaaaaaaaaaaaaaaaaaaaaaaaaaaaaaa
bbbbbbbbbbbbbbbbbbbbbbbbbbbbbbbbbbbbbbbbbbbbbbbbbbbbbbbbbbbbbbbbbbbb
aaaaaaaaaaaaaaaaaaaaaaaaaaaaaaaaaaaaaaaaaaaaaaaaaaaaaaaaaaaaaaaaaaaaa
bbbbbbbbbbbbbbbbbbbbbbbbbbbbbbbbbbbbbbbbbbbbbbbbbbbbbbbbbbbbbbbbbbbb
aaaaaaaaaaaaaaaaaaaaaaaaaaaaaaaaaaaaaaaaaaaaaaaaaaaaaaaaaaaaaaaaaaaaa
bbbbbbbbbbbbbbbbbbbbbbbbbbbbbbbbbbbbbbbbbbbbbbbbbbbbbbbbbbbbbbbbbbbb
aaaaaaaaaaaaaaaaaaaaaaaaaaaaaaaaaaaaaaaaaaaaaaaaaaaaaaaaaaaaaaaaaaaaa
bbbbbbbbbbbbbbbbbbbbbbbbbbbbbbbbbbbbbbbbbbbbbbbbbbbbbbbbbbbbbbbbbbbb
aaaaaaaaaaaaaaaaaaaaaaaaaaaaaaaaaaaaaaaaaaaaaaaaaaaaaaaaaaaaaaaaaaaaa
bbbbbbbbbbbbbbbbbbbbbbbbbbbbbbbbbbbbbbbbbbbbbbbbbbbbbbbbbbbbbbbbbbbb
aaaaaaaaaaaaaaaaaaaaaaaaaaaaaaaaaaaaaaaaaaaaaaaaaaaaaaaaaaaaaaaaaaaaa
bbbbbbbbbbbbbbbbbbbbbbbbbbbbbbbbbbbbbbbbbbbbbbbbbbbbbbbbbbbbbbbbbbbb
aaaaaaaaaaaaaaaaaaaaaaaaaaaaaaaaaaaaaaaaaaaaaaaaaaaaaaaaaaaaaaaaaaaaa
bbbbbbbbbbbbbbbbbbbbbbbbbbbbbbbbbbbbbbbbbbbbbbbbbbbbbbbbbbbbbbbbbbbb
aaaaaaaaaaaaaaaaaaaaaaaaaaaaaaaaaaaaaaaaaaaaaaaaaaaaaaaaaaaaaaaaaaaaa
bbbbbbbbbbbbbbbbbbbbbbbbbbbbbbbbbbbbbbbbbbbbbbbbbbbbbbbbbbbbbbbbbbbb

注意：视线在页面上作竖直、O 形、V 形、W 形移动时，在移动中，抓住了这一页若干个关键字、关键词、关键句。凭借这些碎片信息，简单的读物依然看得懂，提升能力的书籍和专业书籍虽然并不能看懂，但凭借这些碎片信息可以判断有没有重点，是否需要停下来处理重点。

第三节
一分钟 3200~4800 字训练目的

练习一分钟 3200~4800 字的目的，并不是在阅读中，就始终以这种单一的速读进行阅读，而是多掌握了一种方法，配合其他的技巧灵活地进行实际阅读。比如阅读过程中：有时用一分钟 3200~4800 字的速度；有时用一分钟 1600~3200 字的速度；有时一个个字细嚼慢咽；有时还要配合做笔记。

一分钟 3200~6400 字已经是一种非常粗略的浏览阅读，主要是用来快速过滤那些不重要的内容，比第一阶段更快更高效地将重点和非重点分离。减少理解和记忆量，提高阅读效率和阅读效果。

在阅读提升能力的书和专业书时却不需要这样阅读，因为这样阅读感觉太粗略了，而且以这么快的阅读速度，对重点的把握能力会有欠缺。

但我们仍不应该用一个字一个字的传统方法来阅读技能提升书和专业书籍。

因为用快速阅读的方式来阅读一本书，就像是一个快速给稻谷脱壳的过程，以前慢慢阅读就像一颗一颗地处理。现在这种高效的方法就像使用了机器能帮助你从糟糠中过滤出真正有营养的大米一样。

特别提示：这一部分内容是用文字表达，比较抽象，没有网络课的现场演示那么直观。所以需要反复阅读、体验思考，以充分理解。

就几种主要的学习工具：快速阅读、思维导图和快速记忆法来说，在我们日常中应用最广泛的还是快速阅读这种工具。你不一定每天都考试，每天都做笔记，但是我们每天都会或多或少地接触文字信息，这时快速阅读能力就有应用场景。

成年人在繁忙的工作中，需要阅读各种文件、报告，看各种工作群的信息，如果没有及时看，一下积累了数百条，当你空下来几分钟，通过快速阅读能力可以很快地了解与你相关的内容。

成年人各种学习考试和考试也是需要快速阅读能力协助的，以提升学习的效率。

学生在做作业、考试审题、自学预习、课堂上看老师板书时都可以应用快速阅读。

经常有学生跟我反馈说，他们学科老师上课时给全班同学 15 分钟预习时间。结果他不到 10 分钟就预习完了，开始背诵知识点了，而其他同学 15 分钟还没预习完。

在高负荷的工作学习之余，利用一点点闲暇时间，可以快速大量地阅读各种新闻、自己喜欢的书籍、公众号文章，等等。

因为当今社会节奏快、信息大爆炸、知识更新快，基于这个大背景，快速阅读能力是当代人必须掌握的一种技能。

第四节
训练流程

（1）放松训练：按前面训练详解，进行 3 分钟的训练。

（2）眼睛热身训练：按前面训练详解 A、B、C、D 图，每个图一分钟，每训练完一个图，中间休息一分钟。

（3）竖直训练（快速浏览训练）：按今天讲解方法进行 3 分钟训练。

（4）一分钟文章计时训练：按前面内容训练详解的要求，进行一分钟文章训练，一篇文章，反复训练，训练到一分钟能够看完为止（本章附训练文章）。

（5）回忆训练：按前面内容训练详解进行阅读之后的回忆训练，一篇文章训练直到达到 60% 的回忆率。

（6）书籍阅读训练：每天最少做 10 分钟，进行书籍阅读，要求每分钟达到 1600~3200 字（提升能力书籍或专业书籍）。

一分钟训练阅读材料

郯子扮鹿求鹿乳

我国古代的名人，大都是有名有姓的。可是下面这个故事中的主人公，虽说是春秋时代的名人，但是他的名字却没有人知道，历来只是尊称他为郯子。

据古书记载，郯子出生在一户普通的农民家庭，父母膝下只有他这一个儿子。一般来说，人们总是对独生子女娇生惯养，十分溺爱。可是，郯子的父母却不是这样。他们从小就对郯子进行严格的管教，无论是穿衣吃饭、坐卧玩耍，还是读书写字、待人接物，时时刻刻都注意培养孩子美好的道德情操和良好的生活习惯，杜绝一切恶习。

在严父慈母的关怀教育下，郯子一天天地长大了，从一个稚嫩的小童，变成了一个棒小伙子。父母亲年事已高，地里的活儿已经干不动下，郯子开始挑起了赡养老人的生活重担。他白天下地干活儿，晚上陪着父母拉家常，等父母睡下之后，还要读书学习。一年到头，几乎天天如此。生活虽然很艰辛，郯子却觉得非常充实，对未来充满了信心。

可是，现实往往是很残酷的。郯子26岁的那一年，他的父母同时染上了一种奇怪的眼疾。先是痒，后来又疼，最终竟然都双目失明了。郯子到处求医问药，整天在外奔波，也不知道试了多少种偏方奇药，数年过去了，双亲的眼睛依然见不到丝毫的光明。每当看到厕所旁边小山似的那一堆药渣，坚强的郯子总是忍不住要躲进自己的小屋里，偷偷地掉泪。30来岁的汉子，头上过早地生出了几茎白发。

药渣堆越堆越高，屋里的坛坛罐罐也越积越多，父母的眼疾却丝毫没有起色。尽管如此，郯子丝毫也没有动摇让父母双目复明的信心，仍然到处打听探问。偶尔听到人家说起某个地方有某个医生善于医治眼病，他必定上前详细询问姓名地址，然后回家安排好父母几天的饮食，背上几块干粮和几双草鞋就上路了。几年下来，方圆几百里以内的山山水水，到处都留下了郯子跋涉的足迹。对于郯子拿着药锄翻山越岭，甚至冒着生命危险攀崖坠渊采集草药的事，就不必细说了。周围上百个村庄的人们，没有不认识他的。

由于锲而不舍的努力，加上众位乡亲的无私帮助，郯子终于获得了一个良方，赠送此方的是一位世家名医。

这位名医亲口对郯子说，这个药方治疗眼疾有神奇的效果，只是从他祖父到他本人，已经传了三代，始终没有人成功地使用过，原因是这个药方中的药引子万分难求。当郯子问他究竟是哪种药物时，医生在处方的最后写下了三个字：野鹿乳。接着，医生又给郯子解释了野鹿乳难求的原因。医生说，野鹿乳能滋润真阴、济助元田，有强筋骨、通血脉，消除阴翳的功能，对治疗眼疾以及其他相关的病症有奇效。只是，要治愈失明已久的病人，必须取野鹿的鲜乳服用才能达到效果，因为母鹿一旦遭到捕获，由于受到惊吓，鹿乳的药用价值就大幅降低了。可是，草原上的野鹿都是成群结队地出来饮水觅食，每个鹿群中都有好几只年轻力壮的公鹿负责警戒保卫，只要听到一点异常的动静，整队野鹿顷刻间就会跑得无影无踪。在这种情况下，要接近鹿群已是十分困难，再想挤取鹿乳，几乎是不可能的事。

郯子接过处方，谢过了医生，转身向家中走去。一路上，他把医生的话反反复复地琢磨了好几遍。这天晚上，郯子有生以来第一次失眠了，他一次次地设想获取鹿乳的方法，又一次次地将其推翻，脑子里都快成一锅粥了，仍然不得要领。这时，天已经蒙蒙亮了，他听到了父母起床的声音，连忙打起精神，烧火煮粥，侍候两位老人吃早饭。饭后，郯子觉得有点昏昏沉沉的，就用冷水洗了脸，走出了房门。他缓步来到田埂上，深深地吸了几口清新的空气，顿时，彻夜不眠带来的疲倦一扫而光。

回家的路上，郯子看见村里的一群孩子在玩老鹰捉小鸡的游戏。那个扮成老鹰的小男孩手里握了几根野鸡的翎毛，上下舞动着双臂来模仿老鹰的翅膀，嘴里不停地喊着："抓小鸡啦，抓小鸡啦！"那些充当小鸡的孩子们四散奔逃，有几个年幼一些的，一边跑还一边发出尖叫。郯子呆呆地看着。看着看着，他渐渐地露出了笑容，然后撒腿就往家里跑去，边跑边嚷："我有办法啦，我有办法啦！"

因为父母常年就医服药，家里的积蓄早就花光了。现在，郯子需要一笔钱来购买一些东西，他只好忍痛变卖了一部分家产，其中最珍贵的是他经常阅读的几百篇古书。凑足了钱之后，郯子先到猎人那里买了一张刚刚处理好的野鹿皮，皮上还连着鹿头，做工十分精致。然后，郯子又去买了一只又大又结实的银瓶。买完这两样东西，刚刚凑起来的那笔钱已经花得差不多了。郯子用剩下的钱为父母预备好了口粮，然后背上一袋干粮和几双草鞋，腰里挂着银瓶，肩上扛着鹿皮，辞别了年迈的爹娘，辞别了前来送行的乡亲们，在蒙蒙细雨中上路了。

　　一路上，郯子风餐露宿，日夜兼程，不久就来到了野鹿出没的草原上。为了躲避猛兽，郯子只能在树上过夜，几天下来，累得腰酸背痛，令人欣喜的是他很快就发现了一个很大的鹿群。郯子试着接近它们，但是，一连好几次都被野鹿发现了。最后这一次，他觉得自己根本就没有发出任何响声，野鹿们却鬼使神差般地逃走了。开始他还有点莫名其妙，后来才慢慢地弄清楚了，野鹿们几次逃走，并不是真的看到了他，而是闻到了他身上的气味。

　　发现了这个秘密以后，郯子不再到树上睡觉了，专找鹿群停留过的地方过夜，有时甚至躺在野鹿的粪堆里呼呼大睡。这样做当然很危险，随时都有可能遭到猛兽的攻击，可是他已顾不上去想这些了，心里只有一个念头：尽快混入鹿群。慢慢地，郯子的身上开始散发出一股浓烈的臊臭味，非常刺鼻。他很高兴，觉得自己离成功不远了。

　　也不知在草原上过了多少个日日夜夜，就在干粮快要吃完时，郯子惊喜地发现鹿群里有了刚刚出生的小鹿。他激动地对自己说："时候到了"。为了一举成功，郯子小心翼翼地躲在灌木丛中，从逆风的方向朝着鹿群移动，越来越近，越来越近。野鹿们仍然安然地吃着草，没有丝毫紧张的样子。郯子觉得不会有什么问题了，就把鹿皮披在身上，把鹿头套在脑袋上，凭着感觉，屏着呼吸朝着鹿群爬去。野鹿发现了他，可能觉得有些奇怪，但并不惊慌，有一只小鹿甚至蹦蹦跳跳地跑过来，在他的身上蹭来蹭去，母鹿也跟在小鹿的后面慢慢地走了过来。郯子暗自庆幸，趁着小鹿吃奶的时候，摘下腰间的银瓶，摸索着找到了母鹿的奶头，用以前在一位牧羊人那里学会的手法，熟练地挤取鹿乳。母鹿有点不安，却没有跑开，静静地站在那儿，直到郯子把银瓶挤满。

尽管鹿乳已经到手，郯子仍然不愿惊动鹿群，他悄悄地回到灌木丛中，掀掉身上的鹿皮，塞紧银瓶的盖子，然后换上了最后一双新草鞋，朝着来时的方向，撒腿就跑。他马不停蹄地跑了整整一个上午，快要跑出草原的时候，忽然迷了路，不由得焦急万分。幸好有一位猎人从这里经过，郯子急忙上前问路。这位好心的猎人不仅给他指出了正确的方位，而且告诉了他一条近路。郯子按照猎人所指的方向疾步如飞地往前赶，果然节省了不少时间，第二天傍晚就赶回家中。

一进家门，郯子立即取出临行前准备好的草药放到火上煎熬，然后才一头扑到爹娘的身上，激动地说：“我回来了！”说完，泪水禁不住流了下来。父母用颤抖的双手抚摸着他，老泪纵横，泣不成声……

药熬好了。郯子服侍着两位老人喝了药，然后从怀里取出银瓶，把带着自己体温的鹿乳给父母喂了下去。三天以后，已经失明了十几年的父母果真奇迹般地恢复了视力。他们拉着郯子的手，一遍又一遍地上下打量着他，哽咽着说不出话来。最后，还是父亲先开了口，他说：“孩子，我和你娘虽然能看见了，你却变得老多了。这都是我们拖累得你呀！”郯子赶紧对父母安慰道：“爹，娘，你们千万别这样说。只要你们活得好好的，无论吃多少苦，儿子心里也高兴！”这时，乡亲们也都来了，一齐向两位老人表示祝贺，同时，对郯子的一片孝心表示敬佩。

从此，郯子的贤名不胫而走。人们慕名而来，纷纷拜郯子为师，学知识，学做人。有的人为了求学的方便，干脆就在这里住了下来。孔子也曾经来此住过一段时间，接受郯子的教诲。人越聚越多，郯子的家乡由乡村变成了城郭，又由城变成了邦国，就称作郯国。当地的人们都一致推举郯子做了郯国的第一任国君。

（3177 字符，内容来自网络）

第七章
10 倍速阅读训练

今天是将前几天碎片性的理论，做系统的梳理总结，让读者可以有条理地按步骤一步步阅读。从明天开始展开讲高效学习方法。快速阅读结合思维导图、快速记忆法，提升你的学习效率。

10 倍速快速阅读
训练宝典

第一节
阅读前的准备

每个人都有自己的行为习惯，比如有些人回家在单元门口就把房门钥匙准备好了，有些人到了家门口才开始找钥匙。

在阅读上，每个人也都有自己的阅读习惯。只是大部分人阅读行为习惯不科学（阅读慢、阅读随意、目标性不强），这时候就要重新培养一个科学的阅读行为习惯。

接下来要介绍的这种方法是一套完整的步骤，就像一个公式，以后在阅读提升能力书籍和专业书籍时都可以按这个公式去套，慢慢就会养成一种科学的阅读行为习惯。

很多阅读者拿到一本书，就一头扎进正文进行阅读。这样会容易迷失方向，淹没在文字中，条理性非常糟糕。

当一本书拿到手，不要急着阅读，先花几分钟做一下准备。

1.阅读目标

明确阅读目标：为什么读这本书？（消遣？提升能力？提升专业知识？考试？）有清晰的目标才会有清晰的方向。

需要多详细的信息：是泛泛而读？是有的放矢？还是每个字都要咬文嚼字？

准备花多少时间和精力：几十分钟？几个小时？几个月甚至更长时间？

2.阅读状态

人在工作、学习、阅读时都需要一种身心放松、思维敏捷的状态。当人有负面情绪，没有好的状态时，工作、学习、阅读都会没有效率。当出现这种情况时，就需要调整到积极的状态。

进入这种积极状态的方法有很多：深呼吸放松、瑜伽、冥想等。每个人喜欢的方法不一样，可以选择自己会的，自己喜欢的放松方式进行调节。还有更简单的方式，就是我们每天第一个放松训练的环节。

总结：进行思想和身体状态两方面的调节，为后面的阅读做了好的准备。刚开始刻意做这两个步骤可能要花 3~5 分钟。一旦养成习惯，拿起一本书，就会本能地确认阅读目标。简单做几个深呼吸就能进入一种很好的放松状态。

第二节
预习一本书

预习是我们很熟悉的一个学习行为。学校老师经常告诫学生，学习新知识之前要预习。其实不仅是学习要预习，阅读一本书也是要预习的。

预习就像一场战役之前对地形地貌的侦察，它可以让我们对即将面对的事物有一个框架性和整体性的认识。这样你就能清晰地知道书籍中哪些部分是重点（你需要的），哪些不是重点（你不需要的）。因为我们学习的过程一定是：先整体在细节。如果没有一个整体性的概念，那在阅读过程中一定会迷失方向。

预习的时候我们可以重点关注前言、目录并快速浏览内容。

关注前言：前言就像一本书的说明书，一般包含作者写这本书的目的，阅读完能给你带来什么好处（这些内容我一般会标注，增加我对这本书的兴趣）；可以了解这本书的结构；有些好的前言甚至会告诉你如何阅读这本书（按顺序阅读还是可以跳着阅读）。

关注目录：很多阅读者在阅读时会看一下目录，但是这样做是不够的，需要做更进一步的分析（不需要把目录背下来），主要是通过目录分析一本书的结构，并直观地做出一个判断。

快速浏览内容：在看目录的过程中，如果还有时间，可以根据目录页码很快地翻看一下，找到你认为重要的章节的内容。

通过这样简单的预习，就会对即将阅读的书籍有一个初步的认识，得到以下信息：书的难易程度、书的好坏、书的结构和大致内容。你就能提升正式阅读时的速度和理解率。

　　预习的关键是不深入阅读，最好控制在 10~15 分钟，以把握书籍整体框架为目标。

第三节
正式阅读

经过前面两个步骤之后我们就要开始正式阅读一本书了，实际阅读书籍时，根据不同的情况有两种方式正式阅读方式。

1. 通读整本书

通读就是从正文第一页阅读到最后一页，阅读整本书籍的时候，针对不同的内容合理使用我们掌握的各种方法：有时一分钟 1600~3200 字；有时一分钟 3200~4800 字；有的地方停下来标注甚至做笔记，有些地方还要查阅其他的资料帮助理解。

特别提示：我个人建议通读一本 200~300 页书籍最好不要超过 2~3 个小时（如果分次，最好不要超过 3 次阅读完；考试的书除外）。

2. 挑读略读的方式

根据目录、章节标题，直接挑自己认为是重点的地方进行阅读。这样阅读一本书的时间或许只需 40~60 分钟，甚至更少的时间。

由于阅读门派不一样，有些称为：略读、跳读、关键内容阅读法。无论具体叫什么方法，但本质是一样的，就是抛开不需要的内容直接指向重点。

这种阅读方式一般看书多、知识储备丰富的人用得多。

第四节
活化阅读

活化阅读的目的就是让阅读者对书籍中的内容产生更深的感觉，甚至产生"通、悟"的感觉。

要想对书籍达到这样的感觉，方法很简单，就是重复阅读。具体操作：再把这本书重新看一遍；不看原书，重新看读书笔记（如果做了读书笔记的话）；不看原书，重复看同种类的书（主题阅读）。

无论你是一个个字慢慢阅读还是2~3个小时高速阅读完一本书，都是对书籍的第一步处理，是初步加工，印象都会比较粗浅（这就是为什么传统慢慢阅读效果不理想的原因）。重复能加深印象，这就是我们通常说的"书读百遍其义自见"。

活化阅读这个步骤不是所有的书籍都需要做。只有一本书当你看完之后不满足，想拿到更多的收获或者感悟的时候，才需要进行这个步骤。

以上就是一本书完整的阅读步骤，刚开始有些阅读者会觉得烦琐，甚至会觉得4个步骤，比传统阅读花的时间更多。

其实这种担心完全是多余的，这种阅读方法又称多遍读书法：预习了一遍；通读了一遍；活化阅读了一遍（如果需要做活化阅读的话）。那效果肯定是会比传统效果好太多。

如果经过前面几天的训练提升了阅读能力，在时间上4个步骤完整做完，一般也只需要3个小时，而且你还动笔标注了重点，甚至做了一个简单的读书笔记（阅读时一旦动笔，阅读效果会明显提升很多）。

第五节
主题阅读法

主题阅读法是一种非常高效的阅读方法，能够让你在短时间快速积累知识，可以说是当代人必须具备的一种技能。

主题阅读法就是当你对一个专业有兴趣时，在对这个专业的兴趣消失之前，集中精力阅读这个专业（主题）的书籍。

当我们对一个专业没有知识储备时，看这个专业的第一本书一定是比较慢的，看这个专业的第二本书一定会比第一本书快，第三本书会更快，因为只要是同一个专业的书，有很多基本内容都是一样的。有一句话叫作"书阅读越薄"，当你阅读了同一个专业的多本书后，甚至拿到一本新书，一看目录，你就能知道这本书对你来说是否有新的知识。

人在大部分情况下不可能会对一件事物保持兴趣，随着时间的推移，兴趣会慢慢消失。所以当你在有兴趣的时候都不能一鼓作气大量阅读，你还指望兴趣消失之后会大量阅读这个专业的书籍吗？

我在平时阅读时就有这个习惯，我也不是每天都在阅读书籍，看书是一阵一阵的，假设某一时间段突然对单反感兴趣，我会在这一时间把能收集到的有关单反的书籍都看一遍（甚至一个星期看了 20 多本），还要泡各种摄影论坛、公众号，当然还会去实践。这样虽然不能达到专业摄影的水平，但是摄影技术已经比一般的人好很多了。

人的精力有限，不可能精通所有的技能，但是在精通一两项的基础上，广泛涉猎，或许不能在每个领域成为专家，但是只要做得比一般人好一点就可以了。

快速阅读不仅可以应用在英语上，还可以应用于世界上任何一种语言文字。但是有一个前提，你必须对这种语言比较熟悉，比如你一看到中文"苹果"，大脑立马就能理解，如果一个英文单词，你一看也立刻能够理解，你就可以将快速阅读应用在英语上。

如果你是刚开始学习一门外语，看到一句话有 10 个单词，其中 7~8 个单词你都不认识，每看到一个单词就需要查字典，那就不可能做到快速阅读。

如果你对这种语言比较熟悉，甚至达到接近母语的水平，那应用的原理和方式跟阅读中文是一样的。

第六节
训练流程

（1）放松训练：按前面训练详解，进行 3 分钟的训练。

（2）眼睛热身训练：按前面训练详解 A、B、C、D 图，每个图一分钟，每训练完一个图，中间休息一分钟。

（3）竖直训练（快速浏览训练）：按第六天讲解方法，进行 3 分钟训练。

（4）一分钟文章计时训练：按前面内容训练详解的要求，进行一分钟文章训练，一篇文章，反复训练，训练到一分钟能够看完为止（本节附训练文章）。

（5）回忆训练：按前面内容训练详解进行阅读之后的回忆训练，一篇文章训练直到达到 60% 的回忆率。

（6）书籍阅读训练：每天最少做 10 分钟，进行书籍阅读，要求每分钟达到 1600~3200 字（提升能力书籍或专业书籍）。

一分钟训练阅读材料
这是如假包换的父爱！捞起深渊中那对母女

人们常说，三十而立，四十不惑，五十而知天命。然而山东文登的王书强，却在自己"知天命"的年龄，做了一件天下最傻的事。他与离异女子于淑美认识仅一个半月，她的女儿便患上罕见的朗格汉斯细胞组织增生症，胸部以下完全瘫痪；治疗、康复路漫漫兮……20 万元远远不够初期的治疗费用；而他，这个还未"进门"，连继父都不算的男人，却拍着胸脯向母女俩承诺："没事，有我在！"

为凑齐巨额治疗费用，老王继续"犯傻"：他拿出积蓄，关闭赖以生存的水果店，求亲告友，一点一点将自己和家人的积蓄掏空！山穷水尽之际，他在路边支起一个小小的馄饨摊，仿佛是挥舞着锈剑战风车的唐吉诃德，用微薄的蝇头小利向巨大的天文数字发起挑战！

大爱无声，大德无形。一碗小小的馄饨终于感动了世人，更见证了一位"准继父"博大深沉的父爱……

直面还是回避？那个花季女孩罹患绝症

2012年9月12日，正在自己的水果超市忙碌的王书强接到一个电话："老王，珊珊出事了！"电话那头惊慌失措的女人名叫于淑美，是王书强刚刚交往一个半月的女友。

王书强时年49岁，山东乳山人，经济管理大专毕业的他，曾在乳山一家国营企业从事财会工作。他曾经有一个温暖的家，与妻子相敬如宾，还有一个活泼可爱的儿子。可是1997年底，妻子竟因移情别恋向他提出了离婚。重感情的他给妻子写了上百封信倾诉心声，苦苦挽留这段婚姻，妻子仍狠心拒绝。1997年那个寒冷的冬日，王书强在乳山市一家餐厅摆了一桌酒，与妻子和平分手，从此带着儿子独自生活。

一晃就是15年，其间有不少人给王书强介绍过对象，但经历了情感创伤的他不愿意重新开始。他辞掉了待遇良好的工作，带着儿子到威海开了一家水果超市。儿子十分争气，考上当地重点高中，可高考时却与山东政法大学失之交臂，干脆前往新加坡打工。

儿子离开后，王书强的生活变得越发孤单。2012年7月底，他经人介绍认识了于淑美，她在乳山市一家肯德基原料供应公司工作，离婚7年。她清瘦，文静，话语不多却善解人意，有一个 15 岁的女儿李高珊。两个经历相似的中年人有很多共同话题，并对对方产生了好感。

于淑美是个善良的女人，王书强与她聊天，偶然说起自己一个人在家吃饭很简单，于淑美便带着一袋面粉坐了两小时公交，从乳山来到威海，亲手为他包了 300 多个饺子，又蒸了满满一锅馒头才离开。

当年 8 月，王书强开面包车去进货，与一辆大货车相撞，右手臂被蹭伤，他没在意。没想到两天后，手臂开始剧痛、麻木，躺在床上动弹不得。于淑美恰好到威海来看他，二话不说挽起袖子便为他做饭、按摩。王书强红着脸阻止她："咱俩还没确定关系呢，你不怕人看见？"于淑美淡然一笑："你就是我的普通朋友，我也不能看着你不管呀！"她的温柔善良，把王书强冰封多年的情感世界悄然打开。

两人大约交往一个月，于淑美邀请王书强去她家做客。王书强特意到商场挑选了一个卡通抱枕，忐忑不安地来到于淑美家。

门一开，一个脸蛋圆乎乎的短发女孩蹦了出来，朝他深深地一鞠躬："叔叔好！"还顽皮地做了个"请"的手势。王书强知道这个可爱的女孩就是于淑美的女儿李高珊，他拘谨地递上礼物，并直呼她的小名："珊珊，这是叔叔送你的礼物。"

珊珊接过抱枕乐不可支地把脸在上面蹭来蹭去："哇，叔叔你太好了！"王书强和于淑美相视而笑。

那天，王书强留在于淑美家吃晚饭，简单的三菜一汤香气绕梁，氤氲的暖热让这间简陋的屋子变得格外温馨。王书强的眼睛湿润了，他决心用后半生来守候这对母女，用男人的胸怀和肩膀给她们依靠。

然而令他怎么也没想到的是，就在新的生活即将扬帆启航之时，一场灭顶之灾正在向他们袭来。

9 月 12 日，正在学校参加军训的李高珊胸痛不止，两腿发麻摔倒在地。于淑美惊慌失措，只好向刚认识不久的王书强求救，两人立刻将珊珊送到医院。

重感冒、结核病、白血病……结论一个个被否定，医院换了一家又一家，珊珊的病因仍然雾里看花。9 月 25 日，她被送往山东武警医院，医生的诊断无异于晴天霹雳：珊珊患上的很可能是一种名叫"朗格汉斯细胞组织增生症"的罕见病。发病率仅为两百万分之一，由多发性嗜酸性肉芽肿瘤对骨骼、皮肤以及内脏的侵犯而形成。随后，珊珊在济南血液中心得到确诊。珊珊的肿瘤恰恰长在第三到第四节脊椎之间，随之而来的不仅会有病理性骨折，还会伴有脊柱压缩和脊髓损伤，甚至眼睛失明、高位截瘫……

于淑美吓蒙了，医生说这种病目前世界上并没有有效的治疗方式，只能采用传统的肿瘤治疗方式保守治疗，在胸科医院进行肿瘤一次性切除，然后进行放疗、化疗，再进行康复治疗。仅手术费用一项便接近 20 万元，而这还只是"万里长征第一步"……

90 天的缘分，让一个傻男人"掏空"自己

尽管吓得六神无主，于淑美仍然保持着一个善良女人的清醒。拿到诊疗结果后，她第一件事便是对身边的王书强说："谢谢你这段时间一直帮我，但是，请你以后不要来了。"王书强惊问："为什么？"于淑美咬了咬牙说："我们分手吧。"

珊珊此时除了头部和双手能稍微活动，胸部以下完全失去了知觉，大小便必须靠导尿和灌肠。她虚弱得无法言语，却仿佛能得知妈妈的心思，王书强来到病床边时，她用眼神和拼命向外推的小手指，拒绝着他的帮助！

后来，于淑美开始拒接王书强的电话，也拒绝见他。10 月 28 日，王书强沮丧地踏上回程的汽车。望着车窗外向后飞驰的景物，回忆自己与于淑美母女相识不到 90 天，他想，或许她们注定是自己生命中的过客……

王书强把自己的苦闷说给一个朋友听。朋友得知他与于淑美尚未领取结婚证，拍着他的肩膀说："老兄，这也算是万幸。夫妻本是同林鸟，大难临头还各自飞呢！何况你们并不是夫妻！"朋友给他分析："你母亲69岁了，家里就你一个儿子，得指靠你；儿子今年24岁，转眼就得娶媳妇，你这当爹的也得花钱……"朋友的话不无道理，再加上淑美母女的刻意回避，王书强一时竟找不出反对的理由。

11月15日，王书强独自在水果店打理生意。手机突然响了，他猛地跳起将手机抓过来，却发现只是一位朋友打来的。挂断电话，他才发现自己其实是如此放不下那对在深渊中挣扎的母女！

他想起自己出车祸后，于淑美对他无微不至的照顾，想起珊珊甜甜的笑脸……珊珊和母亲给了他王书强毫无保留的爱，而他怎么能在她们遭遇大难的时候，自私地转身离开？

想到这里，王书强再也按捺不住，决然踏上去往乳山的班车。来到于淑美家附近时，眼前的一幕让他潸然泪下：瘦弱的于淑美正费劲地挪动着女儿的身体，珊珊脸上表情痛苦，僵硬的双腿在地上拖行……王书强一个箭步冲过去，俯在珊珊身下，一使劲将她扛了起来。于淑美的眼泪唰地流了下来，珊珊的声音也充满惊喜："叔叔，真的是你？"

王书强的"回归"，让这间冰冷萧条的小屋瞬间溢满了欢乐。晚上安排珊珊睡下后，王书强把一张存折塞进于淑美的手心："拿去给珊珊治病吧！"于淑美惊慌地推开他："你别这样！我就是不愿意拖累你才……"她哽咽着说不出话来。王书强拉着她："珊珊还小，你就忍心放弃她？"一句话戳中于淑美痛处，她的眼泪像开闸的洪水一样哗哗流淌，再也无法拒绝眼前这个憨厚朴实的男人。

2012年12月10日，珊珊在山东省胸科医院进行了肿瘤切除手术。手术非常成功，可是术后的治疗费、护理费每天都需要三千多元。王书强和于淑美把她接回了乳山，只在需要化疗的时候才去济南。刚做完手术的珊珊背部有一条长长的刀口，根本无法坐立，王书强每次都买三张连票，他和于淑美轮流让珊珊趴在腿上，帮她按摩手臂和双腿。

珊珊的身体时好时坏，有时连火车硬座也不能"坐"，王书强就带她包车去济南。从乳山到济南500多公里，来回10多个小时，光车费就要花2000元。可王书强为了让珊珊舒服些，根本顾不上节约钱。

珊珊的病果然是个无底洞，王书强的那点积蓄很快花光，可她却面临着第二次手术。于淑美愁眉不展，王书强拍着胸脯："别怕，有我呢！"

自信满满的王书强，其实在打自己那个水果超市的主意。由于他长期两地奔波，一些熟识的顾客早已改投他家。王书强犹豫再三，最终低价转让了水果超市。得知他为了一个没有任何血缘关系的女孩，竟然付出这么多，王书强的老母亲也着急了："儿子，你是不是疯了？你以后可怎么活呀？"

（3315 字符，内容来自网络）

第八章
10 倍速阅读训练

今天开始的内容是探讨速读与思维导图、快速记忆法的结合所构成的高效学习法。快速阅读只是高效学习工具之一，每一种学习工具都有其优缺点。只有根据学习的不同场景应用不同的学习工具才能打通学习的整个流程。

10 倍速快速阅读
训练宝典

第一节
学习的过程

许多人在学习上花了很多时间，但是效果却一般。其中一个原因就是学习时很盲目，没有抓住学习的关键，做了无用功。所以首先让我们重新认识"学习"。

学习分为狭义的学习和广义的学习。狭义的学习一般指我们特定时间段通过各种方式学习一项技能，如学开车、学游泳……广义的学习是指我们无时无刻不在进行的经验积累，如幼儿学习吃饭、学习用智能手机、上当受骗之后学到经验……

不管是广义的学习还是狭义的学习，学习的过程从本质上分析就是两个环节：获取信息阶段；消化信息阶段。

获取信息阶段是对信息的初步接触，因为是初步接触，印象一般会比较粗浅，这就是为什么看书一遍、听课一遍印象都比较粗浅，收获不是很深。就像如果你在看这本书的时候，只用眼睛看，既不动笔也不做训练，那就算你一个个字慢慢看，留在脑子里面的内容依然比较浅显。

很多人认为学习只需要获取信息就可以了。但仅通过获取信息，这些信息知识并没有真正内化。

举个最常见的例子：很多父母反映孩子上课都挺好的，感觉都听懂了，但是一到做题就不会。其中一个重要原因就是孩子对于这些课堂知识并没有真正理解。很多人阅读时也只是停留在这阶段，而忽视了第二个阶段。

消化信息阶段是对知识点进行内化，做到真正吸收，甚至变成自己的能力的过程。如果学习到的理论不能真正消化吸收，那这些理论还没有真正属于你，你只是听过、看过而已。

这个阶段也称为精加工阶段。比如你看这本书，看完之后扎扎实实地做训练（或者一边看一边做训练），那你的收获会明显。

消化的一般方法是把学到的理论应用在实践中，如学生做题、学车不断上车练习，学游泳不断在水里做动作……

通过了解学习的两个过程，我们可以判断学东西为什么有效或者无效？不管有效无效，基本从这两个环节都可以找到原因。

比如你学某一项知识快，是因为你学习理论的时候效果好（听得认真、积极和老师互动、积极思考、积极做笔记）；学习完之后积极应用、总结及思考。

反之当你学习效率低，甚至学习效果很糟糕时，从这两个环节也可以找到原因。不是第一个环节出问题，就是第二个环节出问题。

第二节
思维导图是高效学习工具

思维导图是最近非常火的一种学习工具，用处比较广泛，可以应用于：读书笔记、听课笔记、写作、会议头脑风暴、发明创造、工作流程等。

思维导图的作用很广泛，但是核心原理也很简单，就是厘清思路，让思考井井有条。因为思路清晰了，做什么事情就容易把握事物的重点和关键，就容易达到好的效果。

有做思维导图习惯的人，还容易养成模块式的思维模式，做事说话都比较有条理。

绘制思维导图时有两个思考方向：

1. 压缩

听课和看书做笔记就是典型的压缩，一节课一本书的容量比较大，通过导图的形式表现出来，可以压缩成一张或者几张图，方便后续的复习背诵。

2. 发散

头脑风暴是一种思维发散的过程。在绘制思维导图的过程中，先发散出几个大维度，再到每个维度进一步细化。

思维导图用在看书和听课上其实就是一种特殊的笔记。现在很多一线公办教师也很认可思维导图的作用，有的老师会要求学生用思维导图的形式整理知识点或者做笔记。

跟传统笔记相比，思维导图在很多方面确实比较科学。传统笔记是线性笔记，一行没有记录完下一行继续记录；一页没记录完下一页继续记录，这样造成知识点之间是断开的。运用思维导图，一章或者一节的内容在同一个平面展示，而且由粗到细，每一个分支都有清晰的线路。

制作思维导图的一个规则就是尽量用关键字和关键词。这样做笔记的速度能跟上老师讲课的速度，也减轻了理解和记忆的容量。很多人做笔记喜欢把老师说的每个字都记下来，这样不仅跟不上老师的语速，还增加了理解和记忆的负担。

第三节
怎样制作思维导图

思维导图的制作规则非常简单！如果你现在按照下面的方法立刻动手，就能制作一幅简单的思维导图。

（1）将一张 A4 纸横放：也可以将笔记本展开，左右页看作一张完整的纸进行绘画。

（2）最大的主题在中间：如果你要做一本书的读书笔记，那纸的中间就是这本书的名字。

（3）画出主要分支：第一个分支从一点钟方向展开，然后沿着顺时针方向展开第二分支、第三分支……分支的布局要均衡，不能左右比例失调。

（4）分支细化：主题下面是一级分支，一级分支下面是二级分支，二级分支下面是三级分支……以一本书做思维导图为例：主题是书名；一级分支是每一章的标题；二级分支是一章下面每一节的标题；三级分支是每一节里面的具体内容的展开。注意：一般一个导图不超过三级分支，不然一张图的层次就会比较多，一张图承载信息容量就会比较大。

（5）每个分支一个颜色，尽量用关键词、图、符号代替文字。这是因为大脑容易记住图，色彩缤纷容易让大脑活跃。

以下是世界记忆大师吴帝德老师在写作《超实用记忆力训练法》时画的提纲导图。

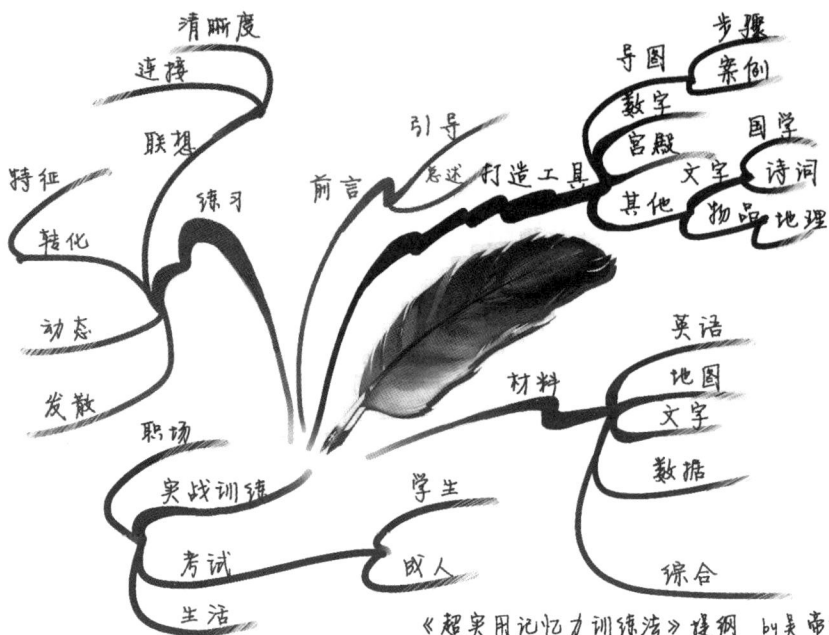

《超实用记忆力训练法》提纲 by吴帝德

看完这些制作规则，你是不是觉得思维导图很简单？确实是这样的，思维导图其实就是传统笔记的变形。大家再想一想，思维导图是不是很像一本书目录的变形？目录是一行一行线性的，导图是环绕型的。

但是对于有些人来说思维导图又很难，这主要是由于思维能力在某些部分比较薄弱。

我们前面说了思维导图两个思考方向：压缩和发散。在这两个方向中存在缺陷就难以绘制出清晰美观的思维导图。

那如何提升我们的思维能力？其实有专门的思维能力的训练。比如：逆向思维训练、发散思维训练、总结思维训练、逻辑思维训练，等等。具体的大家根据自己的需求可以去寻找相关的资料了解。

坚持做思维导图的过程，其实也是一种思维训练的过程，比如你坚持用思维导图做读书笔记、听课笔记或者分析一篇作文，一段时间后你思维的条理性，总结归纳能力都会变得很强。

尽管思维导图是一种高效的思维和学习工具，但是在现实生活中有的人却觉得思维导图并不好用。造成这样的原因主要是因为：

1. 太教条，生搬硬套思维导图的制作规则

思维导图一个主要的特点就是尽量用图代替文字，每个分支一个颜色。这对于没有学过画画的人是非常大的难题，也会造成很大的挫败感。学过画画的人，虽然会很好地在思维导图中画上大量的图，但是也会出现另外一个问题，会非常耗费时间。如果学科中一节的内容都要花一个小时做一张图，那么太耽误时间了，特别对于初高中生，时间非常紧张，怎么可能有这么多的时间拿来浪费，每天做一两张导图，基本就不用完成其他学习任务了。学习一节的内容按我的要求一般是：15分钟左右初步理解这一节内容并标注重点，15分钟左右做一个思维导图或者笔记，如果有需要再花15分钟左右背诵一下基本的公式、定律、重点。这样一节的内容基本可以掌握，然后就可以试着做一些课后习题去检验学习效果。

我在学习中的思维导图基本都是铅笔制作，一般是文字加一些线条构成。这样方便更改，制作快速，效果也不会差很多，重点是非常的高效。有些思维导图专家对于我做的这种图有不同的认识，他们认为这不是严格意义上的思维导图，只能算一种框架图。但是我个人有自己的看法，我觉得学习一项技能是为了帮助自己，而不是让我们产生挫败感和影响我们的效率。或许这样简单的框架图效果没有五颜六色的、色彩缤纷的思维导图效果好，但是效果也一定不会差很多，关键是这样的图高效而轻松。

2. 认为思维导图是万能工具，什么情况都适用

有些需要考试的人，在背考点的时候，先试着把考点做成思维导图再去背诵。如果要背考点比较多，把这些考点做成导图，其实等于把这些考点抄了一遍，这样花了很大的精力，对于考试来说，或许抄了一遍考点，会让你对这些

知识有一点印象。但是对于考试来说没有关键性的帮助，因为你还是要从头一个词条一个词条背。你在这个环节花了很多时间和精力却做了无用功。

思维导图其实合适做一些框架图，而不太适合做密密麻麻的图。一张图上的内容过多，会给大脑造成很大的理解和记忆压力。

以上就是思维导图在应用中容易出现的问题，当你想继续深入学习思维导图的时候应该避免这些误区。

第四节
快速阅读与思维导图结合

很多理论会把一些单独的学习工具神话，给人造成这某一种学习工具就是万能的假象。比如有些速读门派就鼓吹一分钟一万字，甚至数万字，而且看过之后每个字都记得，达到过目不忘的效果。如果能达到这样的效果，那考试就不用去背诵了，看一遍就好了，这就是典型的神话某一种学习工具。

每一种学习工具都有自己的优点和缺点，在实际应用中，往往要根据不同的学习场景与不同的学习工具搭配使用。那么如何才能在实际应用中熟练地应用各种学习工具呢？首先需要了解每一种学习工具的优点和缺点。

1. 快速阅读的优缺点

快速阅读的优点当然就是阅读文字快。眼睛是几个主要学习感觉器官中获取信息最快的，哪怕就算没有经过阅读训练的人，一分钟阅读速读都能达到五六百字，比我们听老师讲课快多了。

快速阅读的缺点也很明显，即阅读完之后印象会比较粗浅，就是我们通常说的来得快，去得也快。就算你经过回忆训练，收获会比传统阅读的条理性好一些，但是也很难有本质的变化，一本书阅读完依然是散乱的碎片。

2. 思维导图的优缺点

思维导图的优点是可以让阅读很有条理性，使大脑思路清晰，从而增进理解、背诵的效率。

但是思维导图相对快速阅读来说花的时间和精力比较多，这也是很多人以前看书或者听课不愿做笔记的原因之一，嫌耗费时间。通过了解了快速阅读和思维导图的优缺点，或许你能更好地接受这种阅读和笔记方式。

快速阅读就像一个筛子，能帮助你快速地把一本书的重点和非重点分离，分解出一本书的结构。在此基础上，你再用思维导图对筛选出来的重点做一个条理化的整理和加工，即先粗加工（速读），再精加工（导图）。这样你就能集合两种工具的优势，让你的阅读更高效。

专栏 8　多大孩子可以进行快速阅读训练

我一般建议孩子在小学高年龄段之后再来学快速阅读，因为这时候孩子的识字量多、思维能力也有所发展，而且在训练时坚持能力也比低年龄段的要强。

当然对于学习态度比较端正，爱阅读的孩子，年龄限制可以放宽。因为这样的孩子识字量也相对较多，对学习和阅读也有积极性。

小学 1 ~ 2 年级之前的孩子不太建议接受快速阅读训练，因为他们的识字量不多，容易出现看书卡壳的情况，而且对于枯燥的训练也会容易厌倦和排斥。

对于低年龄段的孩子不要过多地追求阅读速度，更重要的是培养孩子热爱阅读和良好的阅读习惯。孩子如果爱读书，有阅读习惯，看的书多，阅读速度自然会快。

第五节
训练流程

（1）放松训练：按前面训练详解，进行3分钟的训练。

（2）眼睛热身训练：按前面训练详解A、B、C、D图，每个图一分钟，每训练完一个图，中间休息一分钟。

（3）竖直训练（快速浏览训练）：按第六天讲解方法进行3分钟训练。

（4）一分钟文章计时训练：按前面内容训练详解的要求，进行一分钟文章训练，一篇文章，反复训练，训练到一分钟能够看完为止（本节附训练文章）。

（5）回忆训练：按前面内容训练详解进行阅读之后的回忆训练，一篇文章训练直到达到60%的回忆率。

（6）书籍阅读训练：每天最少做10分钟，进行书籍阅读，要求每分钟达到1600~3200字（提升能力书籍或专业书籍）。

一分钟训练阅读材料

这个世界上最悲惨的事，莫过于得了绝症，生命仅以月计算，而遭到亲人的抛弃，更是雪上加霜。贵州女孩阳大梅就全摊上了，得了癌症，亲人却逃离了，甚至连给她手术签字的人都没有……

"你不是谈过一个男朋友吗？给他打电话试试吧。"老乡一句话提醒了大梅。结果，前男友真来了！来了，就是漫长和艰难的拯救之路，就是血与火的考验啊！他们创造了奇迹吗？他们还能走到一起吗？

"高个子男人和他的矮个子女人"，分手后怎忘却

2008年10月，阳大梅在网上与黄涛相识。黄涛和她是贵州老乡，父母也早年离异。他比阳大梅大6岁，目前在东莞打工。相似的境遇让他们彼此惺惺相惜，慢慢成了无话不谈的朋友……

1984年9月，阳大梅出生在贵州毕节山区，家中兄弟姐妹五人，她排行最小。8岁那年，多年不和的父母离了婚，阳大梅和二姐判给母亲。从此，娘儿仨辛苦度日。初中毕业后，大梅随村里姐妹外出打工，从贵阳辗转到苏州，做过酒店服务员、商场营业员，最后在苏州一家工厂做了一名流水线工人。她业余时间报读了成人大学，喜欢听歌、看电影、上网聊天，无意中就这样认识了黄涛。一来二去，情愫暗生……

一个周末，黄涛约好与大梅视频。大梅特地去理发店吹了头发，还化了淡妆。视频接通，闪现的头像除黄涛，还有一老一少两个女人。她正诧异间，黄涛发来一个笑脸："我妈和我姐，我姐也在东莞打工，妈妈来看我们。"大梅打招呼："阿姨好，大姐好，看到你们很高兴。"之后和他们聊贵州菜的做法和在外打拼的酸甜苦辣，他们邀请她来东莞玩，大梅心动了。

大梅应邀去东莞过春节。那天一下车，她就看到了黄涛那张熟悉而亲切的笑脸。黄涛在东莞摆了一个串串烧的小摊，给她烤了许多好吃的。她在苏州时，就喜欢到七里山塘古街吃各种串串烧，黄涛做的味道一点儿都不差，她吃得特别香。黄涛陪她逛街，连袜子、手套都给她买，她感受到久违的亲人般的温暖。

春节相处下来，大梅觉得黄涛是个能干又可以信赖的人。春节一过，她就在东莞找了一家工厂打工，并与黄涛一起住进他和姐姐合租的一套小两居。上班以外的时间，她一有空就帮着黄涛招揽串串烧的生意。

2010年春节，黄涛带大梅回到老家，父亲坚决不同意他俩的恋情，嫌大

梅身高只有1.5米，怕影响后代，而且她家境也差。整个春节，黄涛和父亲闹得很紧张，人就像突然老了几岁，大梅心里很不好受。

回到东莞后，经过一个多月的煎熬，大梅最终提出分手，并偷偷搬了出去，另租了房子。黄涛给她打了很多次电话，她都不接；找她，她也不见。回想着以前和黄涛一起外出时，遇烈日或下雨，他高高地为自己撑着伞，她就像是躲在他的臂膀下，她还"取笑"过"高个子男人和他的矮个子女人"，现在再也没有人为她撑伞了……想起这些，她就禁不住潸然泪下。

日子总得过下去，好在大梅一贯坚强和乐观，她尽量压抑着对黄涛的情感，希望以此来忘却他……

2011年春节期间，阳大梅突然高烧不止，还伴随剧烈的腹痛。她请假去黄江镇人民医院检查，医生诊断是急性结肠炎，按常规方法陆续治了两个月仍不见好转，腹痛最厉害的时候，她一个星期都没合过眼，体重从89斤剧降到60多斤，人都无法站立。眼看着要危及生命，医生决定给她做手术，切开肚皮时发现一个直径达20厘米的巨大肿瘤横亘其中，肿瘤压得她肠道有一截已严重溃烂穿孔。医生一时无法判定，做了肿瘤切片，当天送到东莞市人民医院做病理鉴定，结果是恶性淋巴瘤，医生判定她只有两个月的生命。

大梅简直不敢相信自己的耳朵，医生表情十分凝重："姑娘，赶快住院化疗吧，或许还有一线希望。"

由于大梅的身体实在太虚弱了，医生不敢再给她切掉那截溃烂的肠子，只得放在肚皮外慢慢治疗。

大梅一想到自己快要死了，心里恐惧极了。她给哥哥姐姐们打电话，哽咽地诉说了她的病情。几天后，大姐从贵州赶过来。她拉着大姐的手不住地哭，但大姐一副心事重重的样子，欲言又止。大梅浑然不觉，对大姐说："我要治病，你们要支持我啊。"大姐哽咽了："小妹啊，我们穷人哪治得起你这病啊。我……"

三天后的早晨，大梅一觉醒来，没见到大姐，心里一沉。随后，她在枕头下发现了8000元，立刻明白了是怎么回事。她拨通家里的电话，没有人接，她的心一片冰凉：看样子家人都不想管她了。

马上就要做肠切除手术，大姐却走了，连个签字的人都没有，大梅只好挨个给老乡打电话，一个在深圳的老乡过来探望她，可人家不能久待，大梅再次犯难了："你走了我怎么办？"老乡说："你不是谈过一个男朋友吗？给他打电话试试吧。"一提到黄涛，她眼泪又下来了。老乡说："你都快死了，还怕什么？"

大梅只好把黄涛当成最后一根"救命稻草"。接到她的电话，黄涛当天晚上就赶到了医院。看到她骨瘦如柴的样子，黄涛心疼不已。大梅却装出一脸笑容："没事的，我只是做个小手术，要你帮忙签个字。"

黄涛拿到手术单，一看就傻了，"恶性肿瘤"几个字就像锥子一样深深刺痛他的心："你得了这么重的病，一个人怎么扛得住？无论怎样，我都会帮你。"

大梅握紧他的手，眼泪大颗大颗地滚了下来。

自从分手后，黄涛心里其实一直牵挂着大梅，并为此自责。他当即决定留下来，以"男友"的名义为大梅签字，医生当即为大梅做了肿瘤切除手术。之后，黄涛停掉串串烧的生意，留在医院里，一心照顾大梅。

这以后，黄涛隔三差五回去煲汤送给大梅喝，给她洗衣服，帮她洗脸梳头。一次，他正给大梅梳发，邻床大嫂羡慕地说："姑娘真有福气，碰到这么细心的爸爸。"她这才发现黄涛胡子头发已经很久没有打理了。

眼看着黄涛跟着自己吃不好，睡不香，而她自己的几万元积蓄都已花光，还欠了医院一万多元，后续化疗还需要钱，想到这里，大梅想死的心都有了："不如放弃吧，我这贱命，只会拖累你。"黄涛打断她："你别担心，我还有点积蓄，不行的话我再去借。救命要紧！"第二天一早，照顾大梅吃完早餐，黄涛就出去了，把他仅有的全部积蓄取出来，交了住院费。

一天深夜，大梅突然又高烧不止，口腔溃疡，几度昏厥，经医生抢救才醒过来。医生把黄涛叫到一边，郑重地说："这姑娘我们怕是治不好了。肿瘤又长大了，而且并发症严重，你赶快另找出路吧。"

第二天，黄涛说服大梅，把她转到东莞东华医院，医生检查后也束手无策。黄涛又把大梅送到广州中山大学附属肿瘤医院。大梅经过几天的舟车劳顿，已气若游丝，黄涛抱着她上车下车，直到最后抱进急诊室。这一幕感动了许多人，中山大学肿瘤防治中心黄慧强教授感叹："这小伙子真是太难得了。"

经诊断，大梅得的是晚期NK/T淋巴瘤。这种病是亚洲特有的淋巴瘤类型，治愈概率甚微。幸好，当时黄教授和他所带的博士生有了新的研究成果，做自体造血干细胞移植可以令NK/T淋巴瘤患者重获生机。这让黄涛和大梅喜出望外。黄教授说："不过医疗费不菲，要十多万，你们要做好思想准备。"黄涛不假思索地说："只要能救大梅，多少钱我都想办法。"

当天，黄涛就回东莞向朋友们借钱，大家都被他的这份大义和真情所打动，纷纷解囊相助，两个多月内共借了4万多。当黄涛把钱交给大梅时，大梅泣不成声："如果有下辈子，我一定嫁给你，今生我怕是给不了你什么……"黄涛说："不，我只要你的今生。"

按照黄教授的治疗方案，先让大梅化疗。第一个疗程结束，钱也花光了。大梅说："我们不住广州了，打完针就回东莞。"黄涛却不肯："你身体这么虚弱，受得了路上的颠簸吗？"大梅很坚决，黄涛只好答应了，把大梅背回东莞，住进黄涛和姐姐租的房子。晚上，化疗的副作用折磨得她在床上翻来覆去，她一声也不敢吭。等身体稍微好点，她就坚持自己洗衣服、拖地、做饭，生怕给黄涛和姐姐增添负担。每当感觉要撑不下去时，她就给自己打气："大梅，你一定要挺住，好好活着报答黄涛和姐姐的恩情。"

有一次，大梅拖地时不小心戳到了伤口，那里还有医生不敢切掉也不敢放回肚子里的半截溃烂的肠子，大梅痛得直咬牙，黄涛赶紧扶住她，自责地说："都怪我，怎么能让你做粗活！"大梅摇摇头："遇上你，我已经够幸运了。"黄涛叹了口气："我太无能了，没有能力保护好你……"

（3232字符，内容来自网络）

第九章
10 倍速阅读训练

本章内容探讨一下速读与快速记忆法的结合在学习上的应用，并且教大家几个比较简单实用的记忆方法。

10 倍速快速阅读
训练宝典

第一节
快速阅读与快速记忆法结合

如果你的目标是考试，快速记忆方法是很重要的，因为无论文科还是理科都有很大比例的知识要背、要记忆。这是从重要性的角度去分析，但是从学习的过程来说，阅读是第一步，只有通过阅读，才能谈到记忆。如果阅读能力差、速度慢，那么记忆也必然不快；如果阅读能力强，看一遍或许已经理解了这一考点，就能用记忆法背诵。甚至有些考点，通过快速阅读方法找出了这一考点的结构，甚至都不用刻意地背诵，就能记忆下来。

为了让大家更有感觉，下面通过一个例子来说明。

第一百八十九条　发行人不符合发行条件，以欺骗手段骗取发行核准，尚未发行证券的，处以 30 万元以上 60 万元以下的罚款；已经发行证券的，处以非法所募资金金额 1% 以上 5% 以下的罚款。对直接负责的主管人员和其他直接责任人员处以 3 万元以上 30 万元以下的罚款。发行人的控股股东、实际控制人指使从事前款违法行为的，依照前款的规定处罚。

（内容来自速读学员提供）

很多人拿到这样的知识点，一般简单地看几遍，就用机械记忆法反复地念几遍，结果念了后面忘了前面，一般念到第三遍之后就变成有口无心了，嘴巴虽然在念文字，知识点却根本没有进入大脑。

如果你阅读能力强，看完之后，这知识点的结构就已经出来了。第一句话只需要理解：一个公司要发行证券，但是是以欺骗手段。然后分成三种情况：第一种情况还没发行就发现造假，处罚金额 30 万 ~60 万元；第二种情况上市之后才发现造假，处罚募集资金 1%~5%；第三种情况处罚两种相关人，处罚 3 万 ~30 万元。

这样一分解，一百多字的知识点就有了清晰的结构，只需要简单地记住三种情况，以及每一种情况对应的处罚。而不用像过去一样花很大的精力死记硬背，还没有好的效果。

所以在考试上快速阅读与快速记忆法的结合：是以记忆法为重点，辅助阅读能力理解考点。有些时候一个考点比较难，背很多遍都背不下来，也可以辅助用思维导图分解一下。

第二节
实用高效的记忆法

记忆方法的原理是对需要记忆的知识点进行加工（专业的说法叫编码）。现在记忆方法很多，由于篇幅有限，我在书中也不可能全部展开，就教给大家两个比较简单实用的记忆方法。

1. 纸条记忆法

这种记忆方法适用于大量而碎片式的考点：公式、定律、单词、年代、作者、事件等。

（1）具体操作

制作很多巴掌大小的小纸条；每个小纸条上写不超过 5 个知识点，一面 5 个题，双面 10 个题；只写问题，不写答案，每个问题后面标注答案的页码。

（2）优点

分解了背诵压力：有一些专业书厚达几百页甚至上千页，知识点很多，会给人造成很大的心理压力。一般人看到这么多的知识点，都没有背诵的欲望。用纸条记忆法，视每次情况抽几张小纸条背诵，心理压力会小很多。

充分地利用了零碎时间：很多人说每天很忙没有时间，但是仔细梳理一下，其实我们每个人每天都有许多的零碎时间。比如等人、等车的时候；乘坐地铁的时候；从教室去饭堂、去寝室的时候；排队的时候。充分利用零碎时间，符合大脑的记忆规律"不要一下背太长时间，背诵一会儿就稍微休息一下换换脑子"。

高效复习：记忆的本质就是不断复习，一个词条复习遍数越多，就会记忆得越牢固。用纸条法可以非常方便和高效地进行复习，当背诵结束之后，一般知识点复习 3~5 遍，就会记得滚瓜烂熟。随意抽出一张小纸条，每看一个题，答案就会像闪卡一样立马在大脑中闪现出来。

2. 画画记忆法

在现实生活中，有些孩子背课文比较快，甚至念几遍就背下来了，有一个原因就是这些孩子在背课文的时候，大脑中能出现图像。

然而有些孩子却是背课文困难户，一篇课文背了很多遍都背不下来，背了后面忘了前面，甚至因为背课文记不住急得哭。这是因为课文在他们脑中依然是一个个方块的文字，自然是难以记住的。

画画记忆法适用于大部分文字类的记忆材料。其原理就是把抽象的文字转化成图像。当一个人不能在大脑中直接出图的时候就可以借助纸和笔，画出来。当回忆不出来的时候，就可以借助图的提醒顺利回忆出内容。当复习几次之后，内容记忆得就会非常深刻，这时候大脑就能呈现这个知识点的图像。

用画画记忆法背诵知识点的时候，不要求画得很逼真，有时简单几笔表现就行，也不要花太多时间，越快越好。这训练对于有些伙伴比较痛苦，但是只要坚持，这本身就是一种对大脑转化能力的训练。

为了让大家更有感觉，给大家展示一个范例：

书湖阴先生壁

（宋）王安石

茅檐长扫净无苔，花木成畦手自栽。

一水护田将绿绕，两山排闼送青来。

看这首古诗，我们会发现每一句话都描述了一种景象，因此，我们可以用铅笔画一些简笔画来表达这种景象。看下面的插图。

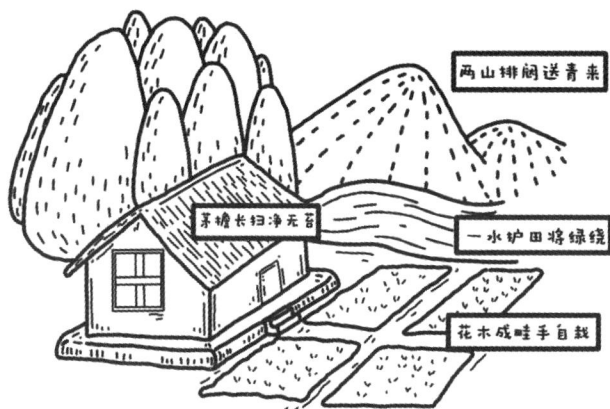

特别提示：别人如果不看正文只看画出来的图，一般看不懂你画的是什么，这是因为别人不知道你是怎么处理的。

第三节
让学习更轻松的大脑习惯

世界上的很多事物都是可以找到规律的，学习也是如此。如果抓住了学习的关键，你的学习就会轻松。如果没有抓住学习的关键，那就会出现花了很多时间精力，但是学习效果或学习成绩依然不理想的情况。

记住大脑几个学习的规律，用这几个规律去指导学习，会让你在学习上事半功倍。

1. 大脑不喜欢长的，喜欢短的

内容太多太长，会互相产生干扰，增加大脑理解记忆的负担，所以当碰到比较长的内容要学会压缩。这也是为什么快速阅读、思维导图、记忆方法都用到了提取关键字的方法。

2. 大脑不喜欢陌生的，喜欢熟悉的

在学习理论的时候，如果听课的人能用自己熟悉的知识去理解新的知识，那会更好地消化理解新的知识。优秀的老师会将新的知识点与旧的知识点相联系，让听课的人听起来不费劲就是这道理。

3. 大脑不喜欢抽象的，喜欢形象的

如果我们在背书时把抽象的文字转化成有图像的画面，就比较容易记住。无论是用地点桩记忆法、数字谐音法记忆法、串联记忆法，其核心原理基本是将抽象内容转化成图像记忆。

一是输入的问题：如果没有好词、好句等素材的积累，想写也写不出来。大量阅读主要解决输入的问题，能让写作素材的积累广博，写作角度更宽广，写作手法更加丰富多样。那些作文写得好的学生，课外阅读量一般都非常大。

二是输出的问题：有些学生书读得多，但是写不出来，主要是缺少写作技巧，不会把吸收的素材通过文字的形式表现出来。有些学生虽然看书多，但是碰到优美的词句、段落并没有进行深加工，没有弄清楚其写作手法或者试着去模仿。这样就算读再多的书，都只属于泛泛而读，只能增加知识面而无法真正提升写作技巧。

要解决这一方面的问题，就需要刻意地学习一些写作方法（参加课程或者自学作文辅导书），并不断地模仿训练。达到一定的程度，写作能力自然会得到提升，这过程其实就和提升阅读能力是一样的。

世界上的任何事情都是难者不会，会者不难。如果觉得写作困难，那一定是还不会写作的技巧和方法。一旦真正掌握了技巧和方法，写作就会跟玩游戏一样轻松。

现在很流行一个说法叫作"刻意练习"，就是当一个人要提升一项能力的时候，就要进行刻意的练习，而不是以为掌握了理论方法就可以了。

第四节
训练流程

（1）放松训练：按前面训练详解，进行3分钟的训练。

（2）眼睛热身训练：按前面训练详解A、B、C、D图，每个图一分钟，每训练完一个图，中间休息一分钟。

（3）竖直训练（快速浏览训练）：按第六天讲解方法进行3分钟训练。

（4）一分钟文章计时训练：按前面内容训练详解的要求，进行一分钟文章训练，一篇文章，反复训练，训练到一分钟能够看完为止（本节附训练文章）。

（5）回忆训练：按前面内容训练详解进行阅读之后的回忆训练，一篇文章训练直到达到60%的回忆率。

（6）书籍阅读训练：每天最少做10分钟，进行书籍阅读，要求每分钟达到1600~3200字（提升能力书籍或专业书籍）。

一分钟训练阅读材料

爱情有时只值600元

我和楠楠是在学校一次演讲会上认识的。

那天我去得很晚，就随便找了个位置，刚想坐下，一个女声传过来："对不起，这是我替朋友留的。"我往旁边一看，一个稚气十足的小女生，正睁着一双大眼睛静静地看着我。我一屁股坐下，没好气地说："那也得等你朋友来了再说！"她不再说话。那天晚上，一直到演讲会结束，她的朋友也没出现，而我和她却成了朋友。

她叫楠楠，来自云南，是舞蹈系刚进来的新生。舞蹈系的女生身材都很好，是校园里一道靓丽的风景，特别是那些穿着露后背或露脐的女生，更是惹得一些男生眼睛放光。而楠楠却很特别，她喜欢穿单色的连衣裙，个性也不张扬，除了上课练舞，她平时都扎着马尾松，清纯得像个邻家小妹，这也是我后来对她紧追不放的原因。

两个月后，楠楠成了我的女友。说实在的，我个人形象不差，又是校文学社的骨干，除了花钱紧点，我觉得没什么不让我自信的。

可是，这也是唯一让我对这份感情惴惴不安的原因。那时楠楠班里就有几位女生，找了有钱的男友，车接车送，不知有多风光。有的女生还大言不惭地说，甘愿做有钱人的二奶，也不做穷男人的怨妇。为此，我还问过楠楠，楠楠当时搂着我的脖子，语气坚定地说："你真是傻子，不管别人怎么看，我觉得感情才是第一位的，只要你爱我，这就足够了！"

有一天傍晚，我约她出来散步，走在南海大道上，宽阔的马路两边，一家挨一家的汽车销售公司，大幅的汽车看板，让我感触不已。我将楠楠的手紧紧攥在手心里。我说："这个世界有钱人太多了，诱惑也太多，而你偏偏爱上我这个穷学生，不知何时，我才能买得起这些名车，带你出去兜风？"楠楠歪着脑袋，看着我说："你有这个理想我就满足了。我们现在都还是学生，只要你有上进心，谁能说你以后就买不起宝马啊！"那一刻，看着她那灿烂的笑容，我不禁将她紧紧拥进怀里。

半年后，我带着楠楠回到了江苏老家，见了我的爸妈。楠楠的单纯朴实，让爸妈满心欢喜。临走前一天晚上，妈妈塞给我一张银联卡，对我说："这些钱，是我和你爸攒下的，准备给你以后结婚用的，现在看来，你和楠楠以后都准备留在海南，海南房价也不贵，先买套房子，有个住的地方再说。"

回到海南后，我用卡上的8万多元钱在海府路买了一套60多平方米的房子。我和楠楠从学校搬了出来，住在了一起。那段时间，我很是满足。毕竟，我成了校园里的有房一族，对感情我又拥有了一点自信的资本，楠楠也可以在同学面前挣回些面子。

毕业后，我在海口一家公司找到了一份工作，楠楠课余也开始推销保险业务，虽然收入不稳定，但每月除去开销，我们也可以存上1000元钱。我开始憧憬着我和楠楠的未来，也许，再过几年，我就可以带着楠楠走进南海大道某汽车公司，大摇大摆地开走一辆小车。那时候，楠楠该会笑得多甜。

去年5月，楠楠面临毕业，因为专业问题，找工作成了一件很伤脑筋的事情。后来，总算在一家房产公司找到了一份销售工作，工资不高，待遇也不是很理想。楠楠业余继续做着保险，但她的情绪却有了很大的变化，时常在我面前叹气。

有天晚上，楠楠的一位同学约她去玩，说是有个朋友聚会，可以帮助她推销保险。那天楠楠的兴致很高，临出发前，换了好几套衣服。说不清楚为什么，我当时心里只觉得空落落的，但又不好阻拦。她回来的时候，已是第二天中午。她解释说，昨天聚会太晚，就随同学去学校住了一宿。

我没说什么，转身进了厨房，准备午饭。楠楠跟了进来，说让她来吧。她刚把手伸进洗菜盆里，她的手机就响了。她说，一定是妈妈打来的，我昨天说好给家里去电话的。我将电话放在她的耳边，她喂了一声后，那么近的距离，我清晰地听见一个男人的声音传来："是楠楠吧。""你是……""我是阿俊，黑色旋风啊，昨天酒店和你见面的那个……我趁你熟睡的时候，记下了你的手机号码，想给你一个惊喜！"楠楠拿着一根菜叶的手水淋淋地停在半空："喂，怎么不说话啊……喂……"一阵令人窒息的沉默后，对方似乎意识到什么，挂了电话。

我一甩手将手机扔进了洗菜盆里，水溅了她一脸。她低着头，脸上毫无表情。

后来，她说了实话。其实，她那晚一整夜都是和那个叫黑色旋风的男人在一起，她和他是在网上认识的。

我胸口一阵疼痛，几乎要吐出血来，尽管我努力想平息自己，可我点烟的手却在不住地颤抖："你说，你现在怎么打算？"

"我们分手吧。"楠楠哭了起来，"我已经这样了，还有什么说的。"

"我想知道为什么？究竟为什么？"

"这还用问吗？我觉得自己好辛苦。我也是个女人，我不想永远只做灰姑娘，我也想做公主！而我在你身上看不到希望，他开的那辆银色本田车，也许再过20年你也买不起！"

我真不相信这是我爱的那个清纯可人的女生。我疯了般质问她："可你当初为什么还要说不在乎钱，只在乎感情？！"

她不再说什么，开始收拾她的行李。

楠楠走了。

我突然觉得在过去的三年多时间里，我一直在做着梦，一个和爱情理想有关的梦，而现在梦醒了。当我发现，现实如此逼真残酷时，即使想回到梦里去，也难回去了。

在酒吧里虚度了一段光阴后，我决定振作起来。我知道自己还无法忘记楠楠，可她在哪里？她现在一定拥有了她自己想要的生活，坐在别的男人的车里，尽情享受有钱人轻松浪漫的生活，她再也不用回到我这60多平的小屋给我炒菜做饭，整天顶着大太阳，到处磨破嘴皮般地卖房子、卖保险。

几个月后，我去金盘给客户送货，路上碰到了楠楠以前的一个舍友。她告诉我，楠楠回了云南。我大吃一惊，她用很夸张的表情告诉我："你不知道吗？

她被一个网友骗了。"我说："怎么可能？那个男人不是很有钱，还开着本田车吗？""什么啊，那是他耍的把戏，车是从自驾公司租的……后来，那个穷男人死缠着楠楠，楠楠为了躲开他，就回了老家。"

我愣在那足有十分钟，也没缓过神来，根本不敢相信这种电视里才有的剧情，竟会发生在我身边，而且是在楠楠身上。

回公司的路上，我四处向人打听海口自驾公司的地址。终于在金贸区找到一家汽车自驾公司。我按捺不住内心的翻腾，走了进去。服务小姐很热情地给我介绍着她们的服务，并且递给我一辆报价单，我的目光停留在其中一行黑色的字体上：本田 600 元／天。

我真想放声大笑，楠楠不是说他开的那辆银色本田，也许再过 20 年我也买不起吗。而走出自驾公司的那一刻，我的眼眶里却噙满了泪水，涌上心头的是不尽的酸楚。

那个男人只花了 600 元、一个晚上，就抢走了我深爱了 4 年的女孩。

原来一场所谓的爱情，有时也不过廉价得只值 600 元而已。

（2606 字符，内容来自网络）

第十章
10 倍速阅读训练

想要改变行为，提升行动力，就要发挥潜意识的巨大作用。

10 倍速快速阅读
训练宝典

第一节
改变行为，提升行动力

在训练课程的最后一天聊一聊行动力这话题。行动力虽然和快速阅读没有直接的联系，也不是具体的学习工具，但却是所有学习的动力和源泉。如果没有行动力，就算再好的工具也不会去用；相反，就算没有很好的学习方法，不断努力和付出一样能够达到目标。

现实中很多父母反映孩子上了很多课外辅导班但是没效果。其中一个很重要的因素就是这些孩子学习动力不足甚至厌学。如果这个问题不解决，上再多的辅导班也不会有太大的改善。

行为的改变一般是分为两个方向：一个是对内改变，另一个是对外改变。

对内改变是指改变自己，包括自己的思想、信念、行为，这也是我们常说的个人成长和提升。对外改变是指改变除了自己以外的人。包括你的孩子、父母、爱人、朋友、同事……

但不论是改变自己，还是改变他人，有效的行为改变一定是从潜意识开始的。

为什么这么说呢？大家想一想。人与人之间，除了相貌和性别的差异外，还有很多地方差异非常之大：有的人自信，有的人自卑；有的人温柔，有的人暴躁；有的人一碰到困难就放弃，有的人越挫越勇。让我们彼此之间如此千差万别的更多的是我们的性格、气质、情绪、思想、信念等。

无论是成年人还是孩子在很多情况下都想产生某种行为，达到一个目标。

比如孩子考试不理想，没等父母问，有些孩子就会主动到父母面前承认错误：我以后一定努力学习，好好听课，积极预习复习"再也不玩手机"。刚开始这两天可能表现还不错，但是过了几天之后，却又变成老样子。其实每一个孩子，哪怕是成绩倒数的孩子，也有一个成为学霸的梦想。很多孩子想学好，但是一到真正开始学习就行为抗拒、磨蹭。这就是典型的：我想做到（意识），但是内心却抗拒（潜意识）。

成年人也是如此。很多成年人说我要戒烟、戒酒、戒赌，甚至为了实现这些目标做出极端的行为。但是很大一部分也是刚开始表现很好，过后又恢复原状。这也是典型的：我想做到（意识），但是却抗拒（潜意识）。

这种情况就像两个人在拔河，你要往这边我却要往那边。这种情况也就是我们说的身心不合一。一个人一旦身心不合，就会产生矛盾，甚至会出现更大的心理问题。

比如作为读者的你，每一次都计划好了认真做训练，但是到了时间却没有做训练。这时候你可能会产生自责，甚至开始否认自己，怀疑自己。

在具体探讨意识和潜意识及其力量的时候，一般都会用到下面这冰山图。

意识

潜意识

通过上图就可以很直观地了解意识和潜意识：

意识层面又被称为行为层面、物质层面。它位于水面之上，是外显的，一眼就能看到的。很多人改变自己或者改变别人，往往是直接改变行为。

潜意识层面又被称为心理层面、精神层面。位于水面之下，一般人是觉察不到的。当我们想改变行为达到一个目标的时候，光意识上想达到有时是没有用的，一定要意识和潜意识都认同才更容易产生行动的改变。潜意识的力量往往比意识的力量更强大。

我们的很多行为背后都有一个思想、信念、情绪在支撑。比如孩子一到学习、写作业行为就开始变得磨蹭，往往是由于对学习排斥、觉得学习是痛苦的。这也是我们常说的：人有什么样的思想就有什么样的行为，思想决定行为。

第二节
发挥潜意识的巨大作用

现在我们知道了潜意识的重要性，下面就让我们了解一下潜意识的特点。让我们更好地和潜意识做朋友，让它给我们提供巨大的内心力量。

1. 能量巨大

很多父母说孩子的行为很难改变，但是如果能改变孩子的内在思想信念，提升孩子的内在力量，行为的改变就会像吃饭喝水一样轻松自然。

你一定身边有这种例子：孩子因为不喜欢学习，父母天天在后面唠叨孩子，规范孩子各种行为，但是就是没有效果。父母焦头烂额，孩子无动于衷，亲子关系紧张。但是突然某一天孩子在学习上好像换了一个人，在学习上不用父母唠叨半句，刻苦努力，成绩也是突飞猛进。

为什么以前父母绞尽脑汁、想尽各种办法要改变孩子行为都收效甚微，后来却好像换了一个人似的，学习行为和以前截然相反呢？或许孩子是长大懂事了，为了感恩父母；或许是碰到了好的老师，激发了学习的动力；或许是想得到同学们的认可；或许有了一个清晰的学习目标。这些其实都是内在的潜意识对学习的信念、想法、感觉变了。

了解到这一潜意识的特性，我们与自己或者与他人相处时，希望自己或者他人有积极的行为，最有效的方法是能给自己或者对方传递一种积极正面的思想信念。自己或者对方的潜意识一旦接受这些积极正面的思想信念，行为的改变就会变得轻松有效。

2. 不辨别好坏，全部接纳

现在很流行赏识教育，赏识教育的根本原理就是潜意识不辨别好坏全部接纳。当你说积极正面的话语，潜意识就会接纳积极正面的信念。如果说负面的话语，潜意识也会接纳负面的信念。

很多父母在亲子教育中会给孩子负面的暗示：你就是这么粗心；你就是这么懒惰；你就是这么笨……其实孩子潜意识就是接受了些负面的暗示，才会产生相应的行为。

所以父母首先要学会用积极正面的暗示替换掉以前的负面暗示。例如，父母要的是孩子：细心、积极、懂道理。那跟孩子沟通时就应该不断给孩子这些积极正面的暗示。

讲到这里很多父母可能会说，我也经常鼓励肯定孩子，但是为什么效果不明显。这是因为很多父母的鼓励肯定，是虚幻的不是真实的，就像空中楼阁。很多父母的鼓励是这样的：孩子你真棒；孩子你是这世界上最棒的。"真棒"就是很抽象的词，"世界上最棒"更是不可能，跟其他孩子一比较更是不可能。这样反而让孩子没有自信。

有效的鼓励肯定暗示，一定是建立在孩子真实行为上的。先找出孩子一个认真的行为，再去肯定。例如：孩子，我发现你做事真的很认真，我发现你写作业（看书、打篮球、拉琴甚至玩游戏）的时候全神贯注，不受干扰，所以我相信你在学习上（或其他你想让孩子认真的方面）一定也是非常认真的。

特别提示：这种方法也就是找出孩子积极的行为，肯定孩子这种人格特质，然后引领他朝着想要达到的目标前进。

为了让大家更好地理解，前面用了一个亲子教育的例子，实际中我们无论对自己还是对他人方法都是一样的。要学会给自己或者他人积极正面的暗示。

3. 放松时潜意识才容易接受信息

其实很多情况下我们和自己或者他人交流的时候，是在影响对方的认识，以达到我们期望的结果。

现在父母都比较有文化，所以也知道孩子教育的重要性，也经常给孩子讲道理。很多父母只要跟孩子在一起，一有机会就给孩子讲道理，可谓良苦用心。但是效果往往并不好，特别是孩子进入青春期后，会厌烦父母的这种"唠叨"。

造成这种情况的原因是，父母给孩子讲道理的时候往往是高高在上的，一般是先指出孩子问题，甚至先指责，然后给孩子讲道理。父母一指责孩子，孩子立马会排斥，父母说的话左耳朵进右耳朵出，根本没有进入大脑。

所以，我建议在亲子关系非常融洽，孩子充分信任你的时候，再与孩子讲道理。同样地，无论是对自己还是对他人，一定要在自己非常有状态，对方信任你的状态下，沟通才有效。

其实很多销售技巧也是遵循了这个规则。销售首先是打破客户的陌生感，一旦客户对你产生信任，购买的行为就容易产生。这也是销售上常说的：最高境界的销售不是直接买产品，而是和客户交朋友。

每次在讲亲子教育课的时候，我都会开玩笑地说，骗子都比教育孩子的父母要努力，各种话术背得滚瓜烂熟，对待客户超有耐心。

4.需要不断地重复，潜意识中才会留下印象

在亲子教育中，很多父母也说，我也鼓励肯定孩子，刚开始挺好的，但是孩子过几天就表现不行了。

这是因为无论是形成一个稳定的行为习惯还是形成一种思想，都需要不断地重复。不仅孩子的良好表现需要形成习惯，父母的鼓励也要形成习惯。

对于问题较多的孩子，父母在心情好的时候也会鼓励肯定，但否定的时候更多（否定挂嘴边，肯定看心情）。而对于表现优秀的孩子，父母也会对孩子有批评否定，但一定是肯定多过否定（肯定挂嘴边，否定偶尔）。

那些成年后不自信的人，从小就不断地被父母否定，在学校也经常被批评。

踏入社会之后，他们经常否定自己，长此以往，就在内心中种下了消极的信念。

至此，我相信你对潜意识有了进一步的了解。当然这一点点内容只是探讨了一下我们心理层面的皮毛。如果你对精神世界想更进一步地了解，可以自己继续深入研究。

专栏 10　背诵是否要按艾宾浩斯遗忘定律复习

很多考试的伙伴经常问：在背知识点的时候是否要严格按艾宾浩斯遗忘定律进行复习。

更有甚者为了严格遵循这一定律，发明出了一种方法。一块布上缝满很多小口袋，第一次背诵的知识点放在一个小口袋，等第二次复习这些知识点之后放在第三个标注时间的小口袋中。当天又有新背诵的知识点又占据了第一个小口袋，然后以此类推，直至这遗忘定律复习次数结束。这样做好像很有条理，但在我看来，这就有点太教条，在要背大量知识点的情况下，反而是一种负担，也会造成混乱。

在背诵时，我认为最重要的有以下几点：当你刚刚新背完知识点，一定要在一个小时之内复习一遍。如果超过一个小时不复习，超过 50% 的信息会被遗忘。第一天结束的时候要总复习一遍。在背完后的第一个 24 小时复习第三遍。这样在两天内连续复习了三遍，知识点就会记得比较牢。后面间隔时间稍微长一些也能比较轻松地回忆出来。

当然如果你时间比较充裕，有时间的话还是要不断复习，因为记忆其实就是不断重复，你复习遍数越多，知识点就会记得越牢固。我 2000 年自学考试时，一个月背 4 本书，3 次考试通过 12 门，其实有一半都是提前交卷。其中一个重要原因就是没事就把知识点复习一下，一本书一般复习到 3~5 遍之后，一看到一个考点，大脑立马就像闪卡一样闪现出答案。

很多伙伴说准备考试也花了时间去背诵知识点和理解公式定律，但是还是没通过考试。除了没抓考点之外，还有一个很重要的原因就是没有真正记牢，或者对一个公式理解一知半解，做题也是连蒙带猜的。

很多父母反映，孩子平时作业、考试经常会有粗心的情况，所以担心孩子学习了速读之后会变得更粗心。

这种想法还是基于对速读认识的不全面。很多人以为快速阅读就是一味地快，看什么书都快。这跟很多快速阅读门派的误导有关系。一味地鼓吹阅读速度确实会造成孩子看书浮躁，没有耐心。

前面我们说到了，实际阅读的速读并不是匀速的，而是有速度变化的。而且阅读的形式很多：泛读、精读、略读、浏览、一个个字阅读、一分钟1600~3200 字、一分钟 3200~4800 字。我们在阅读过程中绝对不会只用一种方法，而是根据内容情况灵活地应用各种阅读方式。

所以严格意义上来说，不应该用快速阅读这个词，应该叫"高效阅读"。阅读过程中有快有慢，但是总的阅读时间比以前少，效果比以前好。

比如我们要求学生在做作业、考试审题时，应用"多遍审题法"，第一遍快速地浏览，大脑立马出现对应的解题思路，并找到题目中的关键条件。第二遍重新在这些关键条件下反复思考，确定每一个关键条件之间的联系。第三遍做完题之后，把答案放回题目中，确认答案没有出现偏差（也就是验算）。

很多粗心的孩子，题目没看完全的时候就以为看明白了，立刻做题，结果因为关键条件没看对，造成审题失误。利用"多遍审题法"做题不仅不会造成学生粗心，反而会培养学生快速而严谨答题的能力，这种方法就涵盖了各种阅读技巧。

第三节
训练流程

（1）**放松训练**：按前面训练详解，进行3分钟的训练。

（2）**眼睛热身训练**：按前面训练详解A、B、C、D图，每个图一分钟，每训练完一个图，中间休息一分钟。

（3）**竖直训练（快速浏览训练）**：按第六天讲解方法进行3分钟训练。

（4）**一分钟文章计时训练**：按前面内容训练详解的要求，进行一分钟文章训练，一篇文章，反复训练，训练到一分钟能够看完为止（本节附训练文章）。

（5）**回忆训练**：按前面内容训练详解进行阅读之后的回忆训练，一篇文章训练直到达到60%的回忆率。

（6）**书籍阅读训练**：每天最少做10分钟，进行书籍阅读，要求每分钟达到1600~3200字（提升能力书籍或专业书籍）。

一分钟训练阅读材料
卖肉才子陆步轩：家有山妻胜过北大招牌

10年前，一条"北大才子卖肉"的新闻在全国传得沸沸扬扬，引发了一场"读书是否有用"的社会大讨论。陆步轩因此成为一个时代的标杆，引发无数人对中国教育的声讨和反思。然而10年后，陆步轩重新站起，不但与校友合伙开办屠夫学校，还将卖猪肉这个看似简单的活计提升到理论高度，撰写了《猪肉营销讲义》，甚至重新登上母校的职业素养大讲堂。

人们想知道，10年里，在陆步轩身上究竟发生了什么？是什么促使他从生活的低谷中振作，从跌倒的地方、曾经的伤心地华丽转身？带着诸多疑问，本刊特约记者近日采访了陆步轩，听他讲述自己跌宕起伏的婚姻生活。

遭遇挫折，穷困潦倒时，她走进了我的生活

我叫陆步轩，1965年出生在陕西省长安县一个偏僻的乡村。10岁时母亲意外故去，单亲家庭加上闭塞的环境、穷困的生活造就了一个外表自卑、木讷，内心躁动、反叛的"书呆子"。小学成绩优异，毕业考入全区（当时的行政区划，几个乡镇划为一个区）重点班；初中学习平平，未能考取中专而跳出"农门"；高中放弃重点，选择离家较近的普通中学刻苦读书；1985年，以超出分数线120多分的成绩，考取心仪已久的北京大学中文系，成了十里八乡乡亲们仰慕的"公家人""文曲星"。

当时国家统包分配，顶尖大学名牌专业，依照常理，接下来的生活似乎是少年得志、衣锦还乡、平步青云……可惜，生活没有既定的模式。

1989年我大学毕业，昔日"天之骄子"一夜之间变成"时代弃儿"。在遭遇M次婉拒、N次退档后，无奈被分配至长安县柴油机配件厂。面对一个当时停产、濒临破产的百十人小厂便是我的饭碗，我的家，叹口气，跺跺脚，粮户关系一放，头也不回地离开。还不如流浪。

峰回路转，不久我被借调到长安县计经委——柴配厂的上级机关，担任党办秘书，兼团专干，管理企业政工人员职称评定。"借调人员"通常是"临时工"的雅称，可谓"起得比鸡早，睡得比狗晚，吃得比猪差，干得比牛累"。这种"二等公民"的日子混了两年，恰逢邓小平同志南巡，国家号召在职人员停薪留职办企业，前途渺茫的我，作为唯一一个身强力壮者，被计经委退居二线的副主任选中，与一帮老头、老太太一起创办经济实体。

在一没场地、二没资金的情况下，色纸厂、化工厂相继诞生，新特医药经营部也在筹备之中。表面的浮华掩盖了内在的虚幻，在此，我也赢得了我的第一次婚姻。转眼之间，我已二十有八，进入大龄青年的行列。一个身材高挑、唇红齿白、清纯可爱的女孩走进我的生活。1994年5月28日，我们步入婚姻的殿堂。因无自有住房，加之大龄晚婚，为了不委屈她，我倾其所有，甚至不惜债台高筑，金银首饰应有尽有、进口家电一应俱全。结婚那天，单位领导亲自主婚，亲朋好友都来捧场。领导勉励我们："干好公家的事业，过好自己的日子！"

不料领导一句很好的勉励辞，后来竟一语成谶，完全变成了反语。

企业在"疲软"的市场环境中苦苦支撑，我们的婚姻仿佛也渐渐地感染上了"疲软"。婚后，她如变了一个人似的，讲究档次，追求消费，随心所欲，全然不顾创业的艰辛，往往我一个月的工资花不了两三天，生活常常捉襟见肘。不得已，拆东墙补西墙；怀孕、流产后，更是变本加厉，而且喜怒无常，于是由吵架演化为冷战，乃至分居。终于，婚后不到两年，随着企业的倒闭，我们的婚姻也走到了尽头，心平气和地去民政局用"红卡"换回了"绿卡"。

那时因"海水"呛人，创业受挫，当年的创业伙伴纷纷"上岸"，而我却因为是"借调人员"，加之年轻，"创办实体表现突出"就再也没能回到体制内。

有人说，事业与婚姻往往是一对孪生姐妹，一荣俱荣，一损俱损。经历了事业的挫折，婚姻的失败，我变成了名副其实的"无产阶级"：城市没工作，农村没土地，家无隔夜炊，身无换洗衣。当时心情糟透了，整日无所事事，完全忘记了日和夜。起居无规律，逐渐患上了失眠症。为了缓解睡不着的痛苦，又学会了打麻将。

浑浑噩噩中，我遇到了现在的妻——一位朴实的农村姑娘陈晓英。她是长安韦曲镇人，父母都是农民，家中姐妹好几个。初中毕业，不甘于关中农村传统的生活模式的她就外出打工。现代都市多姿多彩的生活与闭塞落后的农村形成了强烈的反差。高不成，低不就，以至于到了28岁，依然待字闺中，而24岁的妹妹紧随其后，眼看就要步入剩女的行列，成为老大难问题。

我听信父亲的忠告："居家过日子要实实在在，花里胡哨的靠不住。"就这样，我们一个无产阶级"二锅头"，一个农村剩女"老大难"，省掉繁文缛节，与她的妹妹和妹夫一起举行了"集体婚礼"。

我的这次婚事办得潦草，家里也根本没什么准备。家具还是以前的旧家具，电器只有前妻没看上的一台十四寸黑白电视机。恰应了《芙蓉镇》里的一副对联："一套旧家具，两个新夫妻。"由于长期单身，我的房间乱七八糟，书堆得满地都是。陈晓英"入驻"我家后，先把家具全部用油漆重新刷了一遍，然后把里里外外收拾得干干净净，还添置了录像机和电冰箱。这样，一个像模像样的"家"就被打造出来了。

从俯视到平视，再到仰视，妻让我刮目

在单位，咱是小人物，从未有过一官半职，不知道为官的滋味。为了过把官瘾，婚后，我牢牢地抓住家政大权，施展家长的权威，说一不二；她只有建议权，没有决策权。我喜烟，她从不干涉；我嗜酒，餐桌必备。即使打麻将，也只许她拉把椅子，拿上毛衣，静静地干活、观战。无论输赢，端茶递烟，添衣送饭，不得指东道西，胡言乱语，更不能有半句怨言。对我这些"霸王条款"，妻子笑眯眯全盘接受。妻子的温柔贤淑，让我在人前挣足了面子。

有好事者问过她："你嫁给北大才子，你俩平时都聊些啥？"妻子笑呵呵说道："不聊，我看电视，他看书。"

婚后第二年，女儿将诞生，丈母娘帮着带孩子，常住我家。有了孩子与她姥姥撑腰，妻子开始变得絮絮叨叨。我以为噩梦又要重演，烦躁得整天塞住耳朵，装聋作哑。就在不知不觉的安静中，妻子为我诞下了可爱的女儿。捧着粉

雕玉琢般的小生命，我欣喜、惶恐、期待……更多的是对妻子的感激。

那时，为了处理化工厂的滞销产品，更为了养家糊口，我开了一家小型装修公司，有十多个工人。无奈我人脉有限，揽到的业务不多，工人队伍很不稳定，往往是一项工程刚刚完结，工人便作鸟兽散，待到下一单活计，又得重新招人。伤时费力，质量难以保证。当时县城整治人力三轮车市场，妻子从中瞅到商机，撺掇我赶紧申办。通过麻友的关系，走后门搞到两个营业执照，改装好三轮，却抹不下面子上街拉客，三轮便成为闲置资产。妻子提议让闲下来的工人轮流蹬车，挣多挣少归他们，以稳定工人队伍。果然妙招！工程质量稳步提升。

从此，我开始对妻子另眼相看：虽则文化有限，汉字划得如片假名，写张便条得咬笔头，但头脑灵活，社会经验丰富，办事老成持重，而且是个天生的乐天派，不管遇到多大困难，总是哈哈一笑。她的性格与我的拘谨恰好形成互补。于是，我开始放下家长架子，悄悄对她心生敬佩，遇事也与她商量着办。

毕业10年，我先后尝试过多种生意。也许命不克财，小本生意稳赚不赔，但本小利薄，勉强混个温饱；赌注稍微大点，稳赔不赚，一直发不了洋财。时光流转到1998年，国家整顿楼堂馆所，装修生意一落千丈。妻整天唠叨："孩子大了，这样下去不得了，能凭打麻将养活我们母女吗？"并怂恿我开个小店，我只管进货，她与她母亲看摊，我照样可以接活路、打麻将。于是，1999年6月，我们在环南路十字盘下一间门面，开了一个小商店。不承想因不熟悉进货渠道，不懂货物摆放技巧，不售假货、劣货，开张三个月，被梁上君子光顾多次，结果赔了一万多元。

小商店难以支撑，妻子的一位同学在青年街经营肉店，生意不错。妻子便去找同学聊天，学习经验。经过一段时间考察，建议将商店改为肉店。我一听，脑中立刻浮现出一幅污水与血水横流，腥臭与苍蝇共舞的画面，一时难以接受。

可一向温顺的妻子却始终坚持，并劝我放下"北大"的光环。她告诉我："你早就告别了北大，别忘了现在你是家里的顶梁柱，是我的丈夫，孩子的父亲！"见我仍犹豫不决，她又笑着说，她是我的福将，感觉这次有撞大运的命。她的一番说服，让我感觉这女子就像咱西安的羊肉泡馍，看上去软和，一口咬下去挺有劲呀！

无奈，我只有勉为其难，重新刷新了门店，聘请了卖肉的师傅，开起了"百兴肉食店"。杀猪卖肉是力气活，少不得壮劳力，我只得以曾经握笔的手，拿起了屠刀。

（3351字符，内容来自网络）

到此为止，10天完整快速阅读的训练和理论内容全部结束，我相信如果你跟着书本的内容设置，每天坚持训练。你的阅读能力与以前比一定会有明显的变化。同样地，在训练之余，你通过阅读本书的理论部分，也一定会让你对学习、对自己都有一个全新的认识。

如果这本书能够给你带来帮助，那我感觉做了一件非常有意义的事情。一本书承载的内容总是有限的，但是你们的高效阅读之路才刚刚开始，祝你们在知识的海洋尽情地畅游，收获美好的明天。

眼睛热身训练 A 图

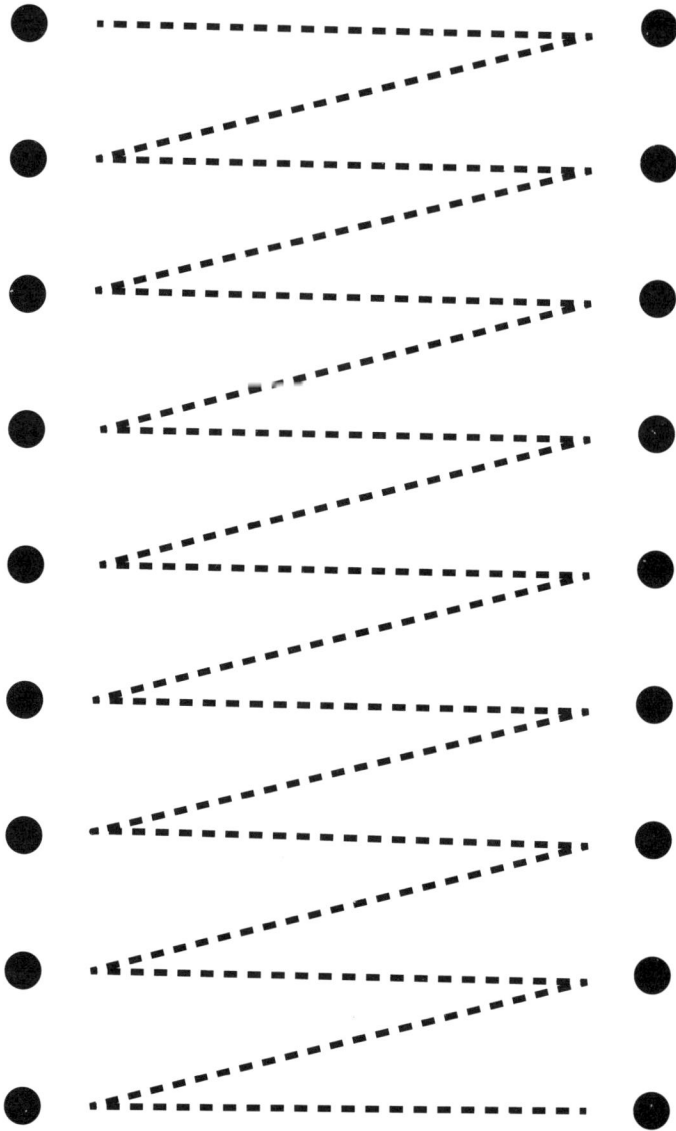

眼睛热身训练 B 图

眼睛热身训练 C 图

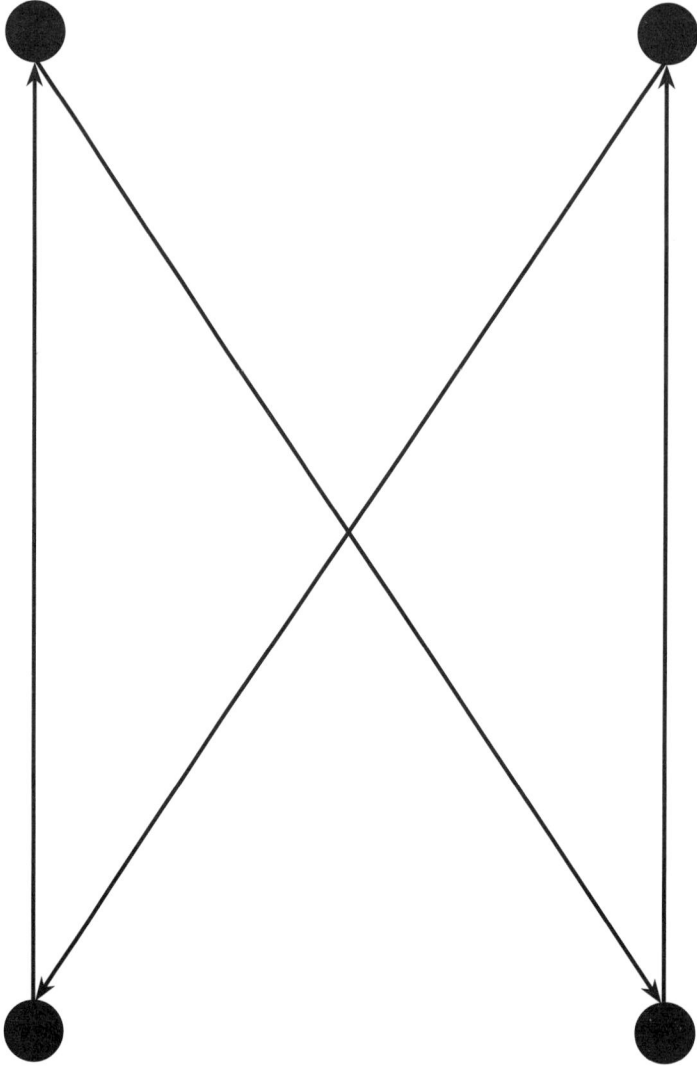

眼睛热身训练 D 图